TETSUDOU MUSUME COLLECTION

鉄道むすめ® コレクション

鉄道むすめ
41人の
プロフィール
大公開!

天夢人 Temjin
「旅と鉄道」編集部 編

CONTENTS

「鉄道むすめ」とは …… 004

「鉄道むすめ」ができるまで

鉄道むすめ 歴史年表 …… 006
トミーテックインタビュー 「鉄道むすめ」誕生秘話 …… 008
イラストレーターインタビュー 「鉄道むすめ」を描く! …… 012
全国規模の人気イベント 「鉄道むすめ巡り」を楽しもう! …… 021
#鉄道むすめ巡り2023 スタンプラリーポイントMAP …… 022

「鉄道むすめ」図鑑

01 青い森鉄道株式会社 …… 028
02 仙台市交通局 …… 030
03 山形鉄道株式会社 …… 032
04 三陸鉄道株式会社 …… 034
コラム 沿線観光めぐり その① …… 037
★ 鉄道むすめオリジナルキャラクター① 立石あやめ …… 039
05 阿武隈急行株式会社 …… 040
06 会津鉄道株式会社 …… 042
07 野岩鉄道株式会社 …… 044
08 ひたちなか海浜鉄道株式会社 …… 046
コラム 沿線観光めぐり その② …… 048
09 首都圏新都市鉄道株式会社 …… 050
10 京成電鉄株式会社 …… 052
11 新京成電鉄株式会社 …… 054
12 東武鉄道株式会社 …… 056
コラム 沿線観光めぐり その③ …… 058

13 西武鉄道株式会社 …… 060

14 多摩都市モノレール株式会社 …… 064

15 株式会社横浜シーサイドライン …… 066

16 相模鉄道株式会社 …… 068

コラム 沿線観光めぐり その④ …… 070

17 秩父鉄道株式会社 …… 072

18 伊豆急行株式会社 …… 074

19 愛知高速鉄道株式会社 …… 076

20 伊豆箱根鉄道株式会社 …… 078

コラム 沿線観光めぐり その⑤ …… 081

★ 鉄道むすめオリジナルキャラクター② 立石あおば …… 083

21 万葉線株式会社 …… 084

22 しなの鉄道株式会社 …… 086

23 上田電鉄株式会社 …… 088

24 長野電鉄株式会社 …… 090

コラム 沿線観光めぐり その⑥ …… 092

25 近江鉄道株式会社 …… 094

26 三岐鉄道株式会社 …… 096

27 紀州鉄道株式会社 …… 098

28 和歌山電鐵株式会社 …… 100

コラム 沿線観光めぐり その⑦ …… 102

29 JR西日本和歌山支社 …… 104

30 京阪電気鉄道株式会社 …… 106

31 水間鉄道株式会社 …… 108

32 泉北高速鉄道株式会社 …… 110

コラム 沿線観光めぐり その⑧ …… 112

33 大阪モノレール株式会社 …… 114

34 広島電鉄株式会社 …… 116

35 智頭急行株式会社 …… 118

36 松浦鉄道株式会社 …… 120

37 島原鉄道株式会社 …… 122

コラム 沿線観光めぐり その⑨ …… 124

鉄道むすめグッズ …… 127

「鉄道むすめ」とは

「鉄道むすめ」は株式会社トミーテックが展開する、全国の鉄道事業者の制服を着たキャラクターです。

２００５年11月に発売されたコレクションフィギュアより、コンテンツがスタートしました。

現在は各交通系事業者におけるグッズ展開や、スタンプラリー「鉄道むすめ巡り」を通して幅広い層に親しまれています。

ぜひ、ホームページやSNSで「鉄道むすめ」達をチェックしてみてください。

「鉄道むすめ」公式ホームページ

こちらからチェック！

「鉄道むすめ」公式X（旧Twitter）

こちらから
チェック！

How Tetsudou Musume is made

「鉄道むすめ®」ができるまで

大人気コンテンツ「鉄道むすめ」。
このコンテンツの歴史やキャラクターが生まれたきっかけ、
イラストを手がけたイラストレーターのインタビューを読むことで
もっと深く鉄道むすめたちを知ることができる。

鉄道むすめ® 歴史年表

Tetsudo Musume History

2005年 11月
「鉄道むすめ～鉄道制服コレクション～」スタート

「鉄道むすめ®～鉄道制服コレクション～」がコレクションフィギュアとしてスタート。第一弾は「白河ひばり」「船橋ちとせ」「石田あいこ」「松本あずさ」「辻堂みどり」「平泉つばさ」の6名。

2007年 3月
「鉄道むすめ～鉄道制服コレクション～」小説化

学研研究社から小説として「がんばれ！ 鉄道むすめ」が発売される。2008年には続編の「がんばれ！ 鉄道むすめ 奮闘編」も同社メガミ文庫より発売された。

2007年 6月
ドラマCD・キャラクターソングCD発売

「鉄道むすめ」キャラクターソングVol・1が発売。2008年3月まで合計12枚がリリースされた。2007年8月にはドラマCDも発売。「限定フィギュア」付きの豪華な内容だった。

2008年 8月
待望の漫画化『鉄道むすめ～Terminal Memory～』

月刊誌『月刊コミック電撃大王』で2008年8月号から2009年4月号までの間連載。単行本は2009年4月に発売され、発売記念キャンペーンのスタンプが同年8月まで設置された。

2008年 10月
「ドラマ 鉄道むすめ～Girls be ambitious!～』スタート

「鉄道むすめ」を基にしたテレビドラマ『ドラマ 鉄道むすめ～Girls be ambitious!』が2008年10月から独立UHF局6局（東名阪ネット6）で全13回（1回30分）で放送された。

2008年 10月
タカラトミーからニンテンドーDSでゲーム化

タカラトミーがニンテンドーDS向けアドベンチャーゲーム『鉄道むすめDS～Terminal Memory～』を発売。

2009年 9月
「鉄道むすめ コンテナコレクション」スタート

Nゲージコンテナに「鉄道むすめ」をプリントしたコンテナコレクションシリーズがスタート。Nゲージのコンテナ車両に搭載することもでき、鉄道模型としても楽しめる。

2010年 12月
駅貼ポスターにも使用された「ステーションポスター」発売

「鉄道むすめ ステーションポスター」の第一弾が発売。実際の企業広告をイメージしたポスターで、各企業で使用されているものもある。

2011年 8月
「トレインステッカー」発売

「鉄道むすめ トレインステッカー」第一弾が発売。電車内のステッカーをイメージしたステッカーのシリーズ。実際に使用されているステッカーもある。

2012年 2月
「全国〝鉄道むすめ〟巡り」スタート

全国で活躍する「鉄道むすめ」の特製スタンプが設置された各事業者を巡る「全国〝鉄道むすめ〟巡り」がスタート。スタンプ設置事業者では「全国〝鉄道むすめ〟巡り」と連動した限定商品が発売された。

2005年にスタートした「鉄道むすめ」。
15年以上に及ぶ長い歴史のおもなできごとを、
ここで振り返ってみよう。

２０１３年 ７月

富山ライトレールで「ラッピング電車」を運行

富山ライトレール所有の２車両を「全国〝鉄道むすめ〟巡り２ｎｄ」に参加した15人の鉄道むすめでフルラッピング。すべてＭＡＴＳＵＤＡ98先生新規描き下しイラスト。

２０１３年 11月

グッドスマイルカンパニーの「ねんどろいど」で発売

「鉄道むすめ」が「ねんどろいど」化。三陸鉄道の「久慈ありす」が第一弾として発売される。そのほかのキャラクターも続々登場。

２０１４年 ３月

「はこてつ 鉄道むすめコレクション」発進

箱形のかわいい鉄道に、その鉄道にあったキャラクターが乗車するマスコット「はこてつ」。おなじみの「鉄道むすめ」が第一弾として登場。

２０１５年 ９月

「ｆｉｇｍａ 久慈ありす」発売

「鉄道むすめ」が可動フィギュア「ｆｉｇｍａ」化。三陸鉄道の「久慈ありす」が発売される。発売を記念した背景コンテストで盛り上がる。

２０１６年 ３月

「鬼怒川みやび」１／７フィギュア発売

10周年記念企画「鉄道むすめキャラクター人気投票」で１位の座を獲得した、東武鉄道の「鬼怒川みやび」を、みぶなつき先生の描き下ろしイラストを基に立体化。

２０１８年 ２月

「鉄道コレクション富山ライトレール 鉄道むすめ２０１７ラッピングｖｅｒ」発売

２０１７年８月10日から11月30日まで運行された「富山ライトレールつなげて！全国〝鉄道むすめ〟巡りラッピング電車」を製品化。ラッピングのイラストはＭＡＴＳＵＤＡ98先生の描き下ろしを使用し、鉄道コレクションでもそのまま再現している。

２０１９年 11月

「鉄道コレクション長野電鉄８５００系鉄道むすめラッピング３両セット」発売

令和初としてデビューした「朝陽さくら」のラッピング車両が登場。鉄道コレクションでもいち早く商品化し、長野電鉄８５００系Ｔ２編成の両側面にラッピングが施された姿を再現した。

２０２１年 ２月

『鉄道むすめ15周年記念キャラクター総選挙』開催

２０２０年11月に15周年を迎えたことを記念し、キャラクター総選挙を開催。長野電鉄の「朝陽さくら」が１位を獲得した。

２０２１年 ３月

キャラクター１００人突破

四日市あすなろう鉄道の「追分あすな」が登場し、キャラクター数が１００人を突破した。

２０２２年 １月

「西浦ありさ」有田町観光大使就任

松浦鉄道の「西浦ありさ」が佐賀県有田町の「有田町観光大使」に就任。松浦鉄道有田駅にて就任式が実施された。ポニーキャニオンの協力のもと、地元活性化のために活躍中。

「鉄道むすめ®」誕生秘話

いまやキャラクターの枠を飛び出し、地域活性化の役も担っている鉄道むすめ。この人気コンテンツはどうやって生まれたのだろう。制作秘話やキャラクターの立ち位置の変化まで、トミーテックの担当者に話を伺った。

フィギュアからコンテンツへ様々な変化を遂げていく

――はじめに「鉄道むすめ」誕生のきっかけを教えてください。

2005年11月30日、「鉄道むすめ～鉄道制服コレクション～vol・1」の発売から、鉄道むすめの歴史は始まりました。

当時はワンコイン価格のコレクションフィギュアが流行しておりました。同様の商品展開ができないかを模索する中で、鉄道模型を生業とするトミーテックなら「鉄道会社さんにお声かけをして、何かができるのではないか?」というアイディアが生まれました。

鉄道車両だったら実車を取材してリアルな模型車両を製作するところ、「フィギュア×鉄道ならば現場で働く人をリアルに再現しよう!」という発想になり、他ではやっていなかった鉄道制服にスポットを当てることになりました。

――トミーテックといえば鉄道模型ですね。〝リアルを追求する〟その技術は鉄道むすめにも活かされていますか。

「トミーテック Newホビー事業部」として、コレクションフィギュア企画が始まりましたが、主力商品である鉄道模型TOMIXの企画思想を踏襲してリアリティを追求、制服デザインを忠実に再現することを目指しました。

みぶなつき先生にフィギュアの設計図となるキャラクターデザインイラストの作画依頼を行い、約9㎝サイズの立体に落とし込むべく、鉄道制服が映えるようにデザインしていただき、これを基にフィギュア原型を製作しました。

鉄道模型でやっているような再現性を、鉄道むすめでも行うように心がけました。名札は職務によって色が違うなどの細かい違いに注意を払います。またスケールが小さいので、再現性とディフォルメのせめぎあいで苦労することもあります。

製造コストは常に戦いで、小道具持ちなどの差分バリエーションを増やすなどの工夫でコストダウンを図りました。

こうして生まれたのが「鉄道むすめ～鉄道制服コレクション～」です。

――フィギュアとして始まった「鉄道むすめ」ですが、どのように変化していきましたか。

「鉄道むすめ～鉄道制服コレクション～」第1弾はブラインドボックスにて全6種(+バリエーション4種)で販売、以降続々とラインナップが続きました。

この頃の鉄道むすめはフィギュアでありつつ、鉄道模型の亜種であるとも言えます。

鉄道模型で行っている再現性を「鉄道むすめ」でも行うように心がけた

当初はキャラクターコンテンツではなく、商品企画の位置づけでした。

　フィギュア市場もコレクションタイプの製品が落ち着き始め、鉄道むすめも鉄道と親和性の高いグッズやコレクション製品など、他の製品展開を模索します。

　フィギュアの展開としては低価格帯のブラインド商品から、「ねんどろいど」「ｆｉｇｍａ」「１／７スケール鬼怒川みやび」のようなハイエンド商品へ変化することになります。

　その一方で、鉄道事業者側からＰＲに活用したいという要望が多くなり、徐々に拡がりをみせていきます。

　デザイン図の立ち位置だったイラストは、やがてそのものが主役になりました。こうして現在のようなコンテンツ展開へと変貌を遂げました。

――ちなみに、これまで自社制作のキャラクターはいたのでしょうか。

　トミーテックの自社キャラクターのルーツは、「ＴＨＥバスコレクション」初期シリーズのパッケージに登場した「小早川礼子（通称コレ子さん）」や「北村くれは」が始祖にあたります。

　パッケージデザインに描かれるだけにとどまらず、ホームページ「コレ子の小部屋」や、小規模ながらフィギュア展開がされました。

　ファン心をくすぐるネーミングやプロフィールの付け方など、キャラクターを生み出すプロセスは、やがて鉄道むすめに引き継がれます。

　その後「バスむすめ」や「佐保さん（サボコレクション）」といった展開もありました。

　またキャラクターと商品の組み合わせによる展開は、1／12スケールミリタリーモデルキットの「リトルアーモリー」にも派生していきます。

デザインから設定を決めるまで時には４００枚以上の取材撮影も

――キャラクターを一から制作する際、何から始めるのでしょうか。

　まずはキャラクターをデザインするための資料集めから始まります。

　資料集めは、直接鉄道事業者へお伺いして写真取材を行ったり、資料写真をご提供いただくなどの方法があります。

　全体像だけでなく、社章や飾り、縫い目など、ディティールを忠実に再現するには細かくクローズアップした写真も必要になってきます。

　見えない部分の縫い目や構造も、全体の見た目に関わるのであらゆる角度で撮影する必要があります。そのため写真取材は、1回につき４００枚前後におよびます。

　プロフィールは現地取材での体験談をお伺いし、打ち合わせでいただいた情報を基に固めていきます。

――実際の鉄道会社の制服を着ているので、資料も膨大な数が必要ですね。個性的な名前はどのように決定するのでしょうか。

　各キャラクターの命名は、タイトルの「鉄道むすめ」より、漢字とひらがなの組み合わせを基本ベースとしています。名前の由来には駅名や列車名を中心にピックアップしています。

キャラクター名は名前を聞けば鉄道ファンが鉄道会社を連想できるような狙いがある

キャラクターに詳しくなくても、名前を聞けば鉄道ファンが鉄道会社を連想できるように狙っています。

また近年は、一部例外もございますが、事業者特有のものや沿線地域に関わるものを取り入れています。これはキャラクターを通して鉄道会社を知る事ができるようにすることも意識しております。

――各キャラクターに誕生日が設定されていることに驚きました。どのように決めているのでしょうか。

誕生日設定は会社や駅・路線の開業日などを由来に決めることが多いです。

一部のキャラクターにおいては、本書で初公開となりました。なお、すべての鉄道むすめについて、生まれ年は秘密となっております。

近年は鉄道むすめキャラクターを発表したデビュー日も、プロフィールに組み込んでおります。

――いまでは大勢の鉄道むすめが誕生していますね。この中でセンターポジションのキャラクターはいるのでしょうか。

鉄道むすめたちを大勢配置する際、誰をセンターに置くかが課題でした。

各キャラクターは、着用する制服デザインが各鉄道事業者に紐づくので、自由には扱えません。フリーで活躍できるキャラクターとして、トミーテック所属の「立石あやめ」を立ち上げる流れとなりました。鉄道むすめとトミーテック情報を案内する「X(旧Twitter)」アカウントの設立とともに、2011年12月22日に登場いたしました。

先に登場していたテックステーションキャラクター「立石かえで」の妹として、設定されています。2023年現在の立石あやめの「X(旧Twitter)」では、TOMIX商品の紹介を中心に行っております。

――「立石あやめ」の妹「立石あおば」も鉄道むすめのメンバーなのでしょうか。

「立石あおば」は鉄道むすめ情報に特化させる新「X(旧Twitter)」アカウントの立ち上げに際して、2021年11月11日11時11分に登場しました。

これまで鉄道むすめをPRしてきた立石あやめのお手伝い役として、立石あやめのイメージを継承する妹を誕生させました。

デザインコンセプトは〝なりきり〟とし、〝鉄道員への憧れ〟をキーワードに各鉄道むすめを紹介します。鉄道むすめのコンセプトは働いている事を前提としていますが、立石あおばは就学児童なのでこのルールからは外れます。

そのため、鉄道むすめコンテンツのキャラクターでありながら、メンバーとしてカウントしないイレギュラーな立ち位置として設定しています。

「鉄道むすめ」による地域活性化と応援

――各鉄道むすめの名前の通り、それぞれが地域に根ざしたキャラクターとなっていますね。

鉄道むすめは企画の方向性から、地域活性化などでも活用していただく事が多いコンテンツです。「青森鉄道むすめ」として、

今後も鉄道むすめを通じて多くの地域を支援していきたい

まだ鉄道むすめがいなかった5つの事業者から鉄道むすめデビューを行い地域活性で活用していただいたり、埼玉県の久喜市商工会栗橋支社の地域活性化のキャラクターとして活用いただくなど、多方面で展開をさせていただいています。

――需要の高まりを感じます。事業展開の中で印象深いできごとがあれば教えてください。

特に印象強いのは、東日本大震災で大きな被害を受けました三陸鉄道さま支援活動です。

震災の前から、三陸鉄道さまでは鉄道むすめ活用を展開しておりました。岩手県知事に鉄道むすめ「久慈ありす」誕生日イベントに出席していただき「久慈ありすは県の嫁です」などコメントしていただいたりするなど、鉄道事業者さまを中心に地域でも鉄道むすめに親しんでいただいていました。

2011年3月11日、三陸鉄道さまも東日本大震災で大きな被害を受けます。

このとき、三陸鉄道さまと交流のあったイラストレーターのMATSUDA98先生より「お世話になった三陸鉄道さまを応援する企画をしたい」との連絡が入りました。

MATSUDA98先生は限られた環境の中で、三陸鉄道さまを応援する鉄道むすめ「久慈ありす」「釜石まな」のイラストを描きあげてくださりトミーテック鉄道むすめ担当まで提供してくださったのです。

鉄道むすめ企画担当は、三陸鉄道さまへ連絡し、同社を応援したい気持ちとMATSUDA98先生の応援イラストを送らせていただきました。当時の三陸鉄道さま担当者の方は、限られた環境の中でイラストを社内で出力しこれを「災害復興支援列車」ヘッドマークにして運行を再開しました。

――震災で日本中が暗いなか、素敵なイラストに勇気づけられた方も多かったと思います。

トミーテックは更に三陸鉄道さまを応援する事は出来ないかと考え、「三陸鉄道応援企画」として、TOMIXから「災害復興支援列車」ヘッドマーク付きの鉄道模型を、鉄道むすめからはイラストレーターのMATSUDA98先生、みぶなつき先生、宙花こより先生の応援イラストカード同封の鉄道むすめフィギュアを、それぞれ三陸鉄道応援商品として販売しました。

これらの商品の売上の一部を三陸鉄道さまへ復興支援金としてお贈りいたしました。その際に弊社社長と担当者で、三陸鉄道さまを訪問させていただき、震災から間もない復興中の三陸地域の状況を目の当たりにしました。鉄道むすめ企画担当は「今後も鉄道むすめを通じて多くの地域を支援できないか」と考え、その意思は現在の各地での鉄道むすめ活用に活かされています。

（インタビュー・2023年6月）

――フィギュアとしてその一歩を踏み出した「鉄道むすめ」は、今や地域活性化の起爆剤としての役目も担っている。今後の展開にも注視していきたい。

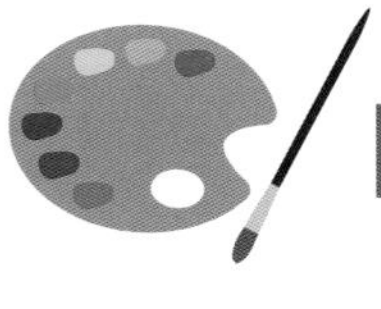

「鉄道むすめ®」を描く!

企画によって、同じキャラクターを様々なイラストレーターが描くことも鉄道むすめというコンテンツの魅力だ。今回はみぶなつき先生、MATSUDA98先生、宙花こより先生、JSK先生に鉄道むすめのイラストについて、トミーテックとともに話を伺った。

みぶなつき

—鉄道むすめのイラストレーターとして参加されたきっかけを教えてください。

以前トミーテックにいらっしゃった、担当者さんにお声がけいただきました。鉄道むすめはその担当者さんが立ち上げたのですが、当時お付き合いがあったイラストレーターの方に担当者さんが「『鉄道むすめ』という企画を立ち上げたいので、どなたかお願いできる方いませんか」と相談したときに「みぶさんっていう方に依頼してみたら、すごくいいものになるんじゃないか」という話になったそうで。2004年ぐらいだと思います。それで私がご依頼を受けた形です。

企画としてはおそらく、当時職業の制服を元にしたフィギュアコレクションが流行っていたので、それに着想を得たんじゃないかと思っているのですが……。

トミーテック 「ザ・バスコレクション」のキャラクター「コレ子さん」が始祖になるんじゃないかと当時の担当者に話を聞いておりました。また、当時他社さんが類似企画のフィギュアアイテムを展開されていて。この辺りが企画立ち上げのきっかけにもなっているかと思います。

そうですね。当時、私もそういうノリなんだなっていうのは理解していました。なのでもう20年近く鉄道むすめに携わっています。

—鉄道むすめを描く際にトミーテック側から要望などありましたか?

トミーテックさんの要望もありますが、基本的には鉄道事業者さんの意向の方が最初は強かったような気がします。「髪型はその会社の規定に沿ったもの」と、リアリティを追求してほしいという、「駅の構内でやらないようなポーズはNG」「実際の仕事に沿ったポーズを」ということを一番初めに伺いました。また「働く女性を綺麗に見せるために描いてほしい」という意図もあり、性的に見えてしまう表現は基本的に排除するという方針もありました。

—要望以外に、先生の中で決めたことはありますか。

ことの発端がフィギュアを作る元になる、フィギュアの設計図として描いてほしいというお話だったので、第1弾や第2弾は今と比べてキャラクターの頭身が低かったんです。「これがそのままフィギュアになったらいいだろうな」っていうふうに想定して描いていました。第3弾とか第4弾ぐらいから少しずつ頭身を伸ばしてリアルよりにしていこうかなという方針は自分の中で決めた記憶があります。

—鉄道むすめはご自身にとってどのような存在ですか。

自分の中ですごく大きなキャリアだと思います。関わらせていただいてすごく楽しいのと、やりがいがあるのと、ここまでやらせていただいていて、誇りがあります。

　あとは身近に感じられることがとても嬉しいです。長くやっていると、自分の描いたキャラクターじゃなくても鉄道むすめに触れる機会ってあるんですよ。家族と電車に乗っていて、「こういう所にもいるんだな」って自分で描いていないけれど、他の先生が描いているんだなと。そういう作品に関われるっていうのは嬉しいですね。さっきの言葉と一緒になりますが、誇りに思える。鉄道事業者さんや地域に貢献できることは、自分の仕事の形態としては他にないものなので。

――元々鉄道に興味はありましたか。

　特別鉄道ファンというわけではありませんが、鉄道むすめを目的に電車に乗ることは結構あります。鉄道むすめを通して、初めて「こういう世界があるんだな」と感じ、いろんな方に会って鉄道のことを知りました。

　あと制服の資料撮影に同行したときに、「こういう方たちが働いているんだな」と。例えばNRE(日本レストランエンタプライズ)とか、そういうものに関わってらっしゃる方の気持ちや思い知れたのはすごく貴重な体験だったなと思っています。

――この18年の間に鉄道むすめきっかけの鉄道ファンも増えたのではないかなと感じています。

　始めたころって、20年近くも愛され続ける企画になるとは思ってなかったんです。さきほどお話した「制服フィギュア」みたいなものの上に乗っかってる企画なんだろうから、早々に飽きられるかも、というふうに思っていたんですけども、そんなこと全然なくて。本当にファンの皆さんのおかげだと思います。そんなに長くやれることってなかなかないと思うんですよね。

トミーテック　キャラクタービジネスで、メーカーがキャラクターを売って終わりではなくて、鉄道事業者さん、ならびに地元の自治体の方が愛してくれて、「うちの地元を鉄道むすめでPRしよう」とやってくださるところがたくさんあります。

　これだけ長い間応援してくれることはなかなかないですよ。鉄道むすめ以外にも、町おこしのような企画でイラストのお声がけしていただいたこともありました。でも1年か2年で辞めてしまった、みたいなことも多くて。ただ鉄道むすめはすごく長いですよね。地道に鉄道事業者さん達が活用してくださっているからだと思います。私もSNSでフォローして、見ています。長く続けられているのは、鉄道事業者さんとか地元の方とか、ファンの皆さんのおかげだと思います。

――長く続ければ認知度も高まりますね。

　ただ、自分1人だと続けられなかったと思うので、色んな先生が途中から入ってくださったのもすごくありがたいなと思います。自分1人だと10年20年は続けられないなと考えていました。同じキャラクターをリニューアルしたり、何回かに分けて描いたりとかしていますけど、それでもかなりの数がいますので。

　自分だと考えつかなかったな、ということをたくさん出していただいています。そこから私も刺激を受けますし、長く続けていこうと思ったら、1人のイラストレーターだけだと息切れするのは自分でも最初から分かっていたことで。途中から色んな先生が参加されたのはすごく自然だろうな、と。

トミーテック　最初のスタンスとして、みぶ先生にキャラクターデザインをお願いして、MATSUDA98先生と宙花こより先生はメインイラストではなく他の展開を手掛けられることが多かったです。その3人態勢が長い間続いていました。

10年ぐらい経って「そろそろ鉄道むすめの形態を変えなきゃいけないな」という感じが出てきたころから複数の先生が参加されたと思います。フィギュアコンテンツだけでなく、キャラクターコンテンツとして、長く続けていきたいなとトミーテックさんが思ったのかな。ここ10年くらい、キャラクターグッズも増えましたよね

トミーテック　最初の10年ぐらいはトミーテックの商品をいっぱい展開していましたが、その後は各鉄道事業者さんのほうが商品展開の主流になりました。当時の担当者が言うには「一番最初は、キャラクタービジネスよりも商品展開をメインにして、10年後ぐらいからキャラクター展開に本腰を入れていこう」と。なので、開始から10年で色んなイラストレーターさんにご参加いただくようになりました。

——最後に鉄道むすめのファンに一言お願いします。

　繰り返しになりますが、ここまで息の長いコンテンツにしてもらったというのは、自分だけの力じゃないとすごく感じます。長く続けさせてもらっているのは、本当に事業者さん地域の皆さんと、ファンの皆さんのおかげだと思います。キャラクターたちを愛してもらっていることは、本当に感謝に堪えません。「続けさせてもらっている」と思ってるので。

　これからも末永く、20年と言わず30年、楽しんでいただければ自分も嬉しいです。

みぶなつき

イラストレーター、漫画家、ゲーム原画家。2005年より、「鉄道むすめ」シリーズのキャラクターのデザインを担当。「Baby Princess」キャラクターデザイン、イラストと「ビルディバイド」のイラスト等を手がけている。

MATSUDA98

——鉄道むすめのイラストレーターとして参加されたきっかけを教えてください。

　鉄道むすめの「ニンテンドーDS」ゲームソフトが発売される際にコミカライズ（漫画化）をしたいという話がありまして。私が連載をしていた雑誌『月刊コミック電撃大王』にトミーテックさんから「誰かコミカライズやってくれる人いませんか」という依頼が来て、私がちょうど連載が終わったタイミングだったので、編集部からお声掛けいただいて、コンペ形式で選んでいただきました。なので最初は、鉄道むすめのコミカライズから関わりました。それが2008年ですね。

——コミカライズでの話の創作は、先生が？

　コミカライズでは原作者に明科実祐さんがいらっしゃったので、明科さんに基本のお話を作っていただいて、それを私が漫画的表現に落とし込むという形でした。当時は、明科さん・私・編集部の担当さんと3人でお話を作っていました。

——キャラクターデザインはどのように行っていますか？

　事業者さんからのオーダーで、私が担当した鉄道むすめのキャラクターデザインは「新津テイナ」さんですが、プロフィールとデザインイメージのご希望をいただいて、それに合わせて絵を起こすという感じでした。一から作るというより、役職や誕生日などの設定がある程度届いてからの出発でしたね。

——文字の情報だけでキャラクターデザインが思い浮かぶものなのですね。

　髪色は「トキのピンクの色」など、事業者さんのご希望は最初に聞きまして。いくつか描き起こして選んでいただく形でした。あとは歴代の子たちのデザインを見ながら、あまり被らないようにというか。当時鉄道むすめには三つ編みおさげの子がまだいなくて、自分的には最初からそこを狙ってこうというのは考えていました。キャラクターデザインの際に一番初めに「あまりアニメっぽくしない。成人女性なので」というのも伺っていました。

トミーテック　鉄道むすめは実際の鉄道事業者にいる実在の人物で、基本的に事業者さんの勤務規定、服務規程から逸脱するものはNG。事業者さんが「この子の髪色を派手にしたい」とおっしゃっても、トミーテック側にもキャラクターのレギュレーション(規定)があるのでNGになることもあります。ただし、どうしてもという理由があったり、こういう理由でこの髪の色にしましょうということで生まれるキャラクターもいます。

——イラストは細かい指定があるのかと思っていたのですが、場合によるということですね。

　そうですね、細かいと言えば昔の私一人で描いてた頃の鉄道むすめ巡りは実物のスタンプだったのでインクで潰れないよう見やすく2~3等身くらいのデフォルメしたキャラクター+デフォルメした背景を描いていたんですけど、事業者さんとしては〝正確に〟というのが第一ですので細部をどこまで表現するか、というやりとりはありました。

　最終的にみなさんにご相談しつつ描き進めました。

トミーテック　2017年の「つなげて！全国〝鉄道むすめ〟巡り」まですべてのスタンプのイラストを先生が1人で担当されていました。

　最後に1人で描かせていただいた時は30数社参加されていて、デザインの引き出しが空っぽになりました(笑)

　少し話を戻しますが、私はコミカライズが終わったあとは、鉄道むすめのキャラクターデザインというより、鉄道むすめ巡りのスタンプラリーのイラストレーターとして鉄道むすめに関わらせていただいていました。キャラクターデザインをしたのは最近のことで。

　そもそもスタンプラリーが始まったのはコミックの発売のとき。発売記念でスタンプラリーを開催したんですよ。単行本の最後に3カ所だけ、コミックに出てくる広島電鉄さん・三陸鉄道さん・銚子電鉄さんへ読者さんが行って捺してくれたら嬉しいね、と話をしていて。でも「こんな遠くまで読者さん行けないかな」と思ってたんですけど、あっという間に皆さんスタンプを捺しに行ってくださいまして！　報告もたくさん寄せて頂きました。その熱がトミーテックさんに伝わり「鉄道むすめ巡り」が始まるキッカケになっていたらいいなと思います。

——鉄道むすめは先生にとってどういう存在ですか。

　自分のデザインした子はもちろんですが長く描かせていただいている子には自然と愛情というか愛着が湧いています。鉄道むすめ全体に対してすごくおもしろく感じていますし私はシンプルに鉄道むすめのファンですね。鉄道も全然詳しくないんですけどお仕事をさせていただくようになってから興味を持つようになり鉄道むすめのおかげで知らない世界を沢山見たり知れたりと感謝しかないです。鉄道むすめで知ったけど行ったことのない鉄道会社さんがまだまだたくさんあるので、旅先で「ここであの子が働いてるんだな」という感動をこれからも積み重ねていきたいです。

——旅先で自分の描いたキャラクターに出会うとどんなお気持ちになりますか。

　とても嬉しいです！　思いもよらないところで出会えたりすると、なお嬉しいですし友人たちも旅先で見つけると連絡をくれたりするんですよ(笑)。以前秩父旅行に行った友人がヘッドマークや駅舎内の写真と一緒に「これ描いたの?」と送ってくれたり親類やファンの方からの報告もあって本当に全国各地にいるんだな～と嬉しくなります。

――さきほど、イラストを描く際にキャラクターのプロフィールが届くとおっしゃっていましたが、鉄道会社さんの情報については?

　めちゃくちゃ調べます。スタンプラリーだとキャラクターの背景にその土地のものをたくさん描くことがあるのですが、何が名物だとか沿線には何があるのか、ということを鉄道事業者さんのウェブサイトはもちろんその土地の観光ページを見たりしながら調べます。スタンプラリーが始まると現地に行くこともあり「こんな感じの路線だったのか」と自分の絵と答え合わせをしたり(笑)。漫画の取材では1～2日間くらいずーっと沿線を行き来してたんですけどその体験から情報を拾うコツみたいなのを得られた気がしています。実際見に行って、鉄道会社さんによって結構色があるのだなと感じました。それが面白いですね。

――鉄道むすめは今後どういう存在になってほしいですか。

　ご当地キャラとしてこれからも日本各地に多くいて欲しいなって思いますし、今後も、変わらずいてほしいなって思います。土地の人に愛されるキャラクターがどんどん増えたらいいですね。

――鉄道むすめのファンに一言お願いします。

　「末永く愛していただきたい」の一点に尽きます。一緒に成長していったり、一緒に過ごしていってほしいなって思います。

MATSUDA98

イラストレーター。美少女キャラクターをメインにイラストや漫画、キャラクターデザインなどを商業媒体や同人誌で発表。単行本／2009年『鉄道むすめ～Terminal Memory～』(アスキー・メディアワークス(現KADOKAWA))

宙花こより

――鉄道むすめのイラストレーターとして参加されたきっかけを教えてください。

　2007年に『がんばれ!鉄道むすめ』(Gakken)という小説が出ることになりまして、そちらの挿絵を描かせていただくことになって、ご縁をいただきました。そのときは普通の頭身でしたが、その後、商品企画の方に関わるときにはほぼほぼデフォルメキャラクターメインで、普通の頭身を描くようになったのは割と最近ですね。

トミーテック　「デフォルメを描くなら宙花先生で」というご依頼も多く、デフォルメ＝宙花先生というイメージが強いです。

　ありがとうございます。でも確かにそのイメージがあるんだろうなっていうのがあり、絵柄は変えないようとても気をつけています。例えば最近のソシャゲ(ソーシャルゲーム)などの絵柄に合わせると、もっと目がキラキラしていたり、装飾が多かったりっていうのがあります。でも今までのマスコット的なイメージを、ソシャゲ寄りのデフォルメにしてしまうと鉄道事業者さんも驚いちゃうと思うので、以前描いた絵を隣に並べて、頭身のバランスであったり顔のパーツの配置を過去作に寄せるようにして描いています。

――鉄道事業者からの依頼以外で先生が書くときに気を付けていることはありますか。

　「鉄道むすめ巡り」の場合だと、既にキャラクターデザインが出来上がっていまして。それぞれの先生方が描かれている絵のイメージから大きく外れないようかなり気をつけていました。

――既にいるキャラクターを自分の絵柄で、新しく描くことに描きづらさはありますか。

　後ろ姿や、ちょっと角度を変えたときに見えないところがどうなっているかをある程度想像で描いて、ご確認いただくっていう手順なので、そこはちょっと難しいところではあります。そこを設定されてる先生もいると思いますが、基本的に手元に届く資料は立ち絵と制服の写真なので。後ろ姿がどうなっているか、という資料はなかったりするんですよ。ただそれで合っていてもそうでなくても、描き直しは「こうなっていたのか」って思いでそれもまた楽しい。私としては、面白いお仕事だなという感じです。イメージとかけ離れないようにするのはすごく気をつけてはいるんですけれど、いわゆる二次創作に近いような気持ちでできるので、これはこれでまた楽しいです。

一からキャラクターデザインする場合は、自分のテンションが上がることが一番いいなと思っています。ご依頼いただいた指定の中から外れない中で、一番自分に刺さるキャラクターっていうのを意識するようにしています。そうすると作画するときに楽しく描けますね。楽しく描いたものって、見た方に伝わっていくと思うので、すごく自分勝手ではあるんですけど、指定を守った上で、自分の「好き」をどれだけ入れられるかっていうことに気を使っています。

――それは例えばどういうところになりますか。

髪型やポージングは比較的自分の好きな要素を入れやすいかな。ただ制服とか全身は変更できないので、そういった細かいところでっていう感じになります。髪型の指定はあったりなかったりなので、指定がない場合は自分でキャラクターに似合うものを考えて描いています。

――髪型やポージングのアイデアはどこから生まれますか。

私の場合は好きな作品のイラスト集などをざっと見て、「このポージングいいな」と思ったら、1回本を閉じて、マネにならないようイメージで描き起こします。例えばファッション誌だと、モデルさんは「服やモノをよく見せるために」という目的があるので、「キャラクター」が絵として魅力的に見えるものというと、二次元のものがわかりやすいかなと個人的には思ってます。

――作画の際、一番難しい場所はどちらでしょう。

お腹周りとかちょっと難しいですね。顔まわりは襟の形や社章など情報量が多いんですけれど、上から下に移るに従って一気に洋服の立体感以外の情報量が減っちゃうので。邪魔にならない程度に影をつけて、情報量を入れなきゃいけないのですが、やりすぎるとしっかりした制服なのにシワシワに見えてしまうことがあるので、そのバランス感をいつも迷っています。

――女性のキャラクターを描く際に気を付けていることは？

アウトラインのしなやかさを描くことに気をつけています。よく言われるのが、輪郭を見て「ほっぺがちょっと出ているのがすごく〝らしい〟よね」。どうしても柔らかく柔らかくってなると、若干、カーブが強めになるというか。極端になってくるようなところはあるかもしれないです。「女性特有の柔らかさ」の表現は、鉄道むすめはボディラインを強調しないので難しいところですね。ほかは手先をカッチカチに描かないとか、見えるところだけで何とか表現しています。

――外見以外に、内面、性格などの設定資料は送られてくるのでしょうか。

事前にある程度いただけます。

トミーテック　デザインするときの基本として、外見のイメージはどうしてもビジュアルで伝えることが難しいので何となくざっくりしちゃうんですよ。逆に性格や趣味の設定から膨らませてもらうことが多いですね。

書かれていることのどこでもいいので、「ヒントになるところを絵に持ってこれないか」みたいな感じでやっています。性格や内面、暮らし方のような設定が事前に分かることはすごくありがたいです。一からキャラクターを起こすとき、作業に入れば1日2日ぐらいあれば描けるのですが、資料集めなどのトータルで考えると意外と時間がかかっている場合もありますね。精神的に疲れていたりするともっと時間がかかったり。ただ乗ってくるというか、気分が向いてるときは一気にバーッとできちゃう。

――先生にとって鉄道むすめはどういう存在ですか。

「憧れ」みたいなところが割と強くって。私自身が家に引きこもってイラストを描いて、自分との戦いとか時間との戦いみたいになる中で、鉄道むすめは外に出て、誰かのために働いている。私は人からご依頼を受けて、それに合わせた絵を描いていますが、生き方としては好きなことを好きなようにやってくっていう気持ちが強いので。鉄道むすめの誰かのためにお仕事をして、社会の役に立っているということがすごくかっこよくて素敵だなっていう意味で憧れが強いです。

――鉄道むすめのファンに一言お願いします。

いつも本当に応援いただだいていてすごく嬉しく思います。私は仕事柄そんなに出かけられませんが、ファンの方にこそたくさん出かけていただいて、たくさんの鉄道むすめと会ってもらいつつ、素敵な思い出を作って、楽しく「鉄道むすめ巡り」を楽しんでいただけたらと思います。

宙花こより

イラストレーター、漫画家、講師。キャラクターイラスト&デザインを中心に活動しつつエッセイ漫画の連載や漫画・イラストの講師も務める。2007年『がんばれ！ 鉄道むすめ』(Gakken)の挿絵を担当。そのほか「東武鉄道姫宮なな」、「上田電鉄別所線北条まどか」、「知多娘。」など。

JSK

――鉄道むすめのイラストレーターとして参加されたきっかけを教えてください。

２０１８年にご紹介いただいて、最初に手がけたキャラクターデザインが「城崎このり」さんでした。

キャラクターデザインのご相談を受けたときに「先生が描いたキャラクターの浴衣の柄で実際の浴衣を作ります」と言われて。ものすごく驚きました。事業者さんからは「花火・コウノトリ・柳を入れてほしい」というオファーがあって。景色みたいになりすぎても変かもしれないし、とかなり悩んだのを覚えています。ほかにも「髪飾りに伝統工芸品を入れてほしい」とご希望を伺いました。「城崎こより」さんはとくに印象深いです。

――鉄道むすめが普段着用している制服と、浴衣を描く際の違いはありますか。

元からある制服を描く場合は、鉄道会社さんがいろんな角度から撮った制服の写真を資料としてたくさんくださるんですよ。なので割とイラストで再現することができます。浴衣は柄がオリジナルだと自分で考えるところが増え、ちょっと工数が多くなります。基本鉄道むすめはすでに決まった制服があることがほとんどなので、珍しいお仕事を最初に担当しましたね。

――そのほか印象深い鉄道むすめはいますか。

その後担当した「西浦ありさ」さんに関しては、「シロウオ」に苦戦しました。「西浦ありさ」さんの所属する松浦鉄道沿線の佐々町は「シロウオ」という、小さい半透明の小魚を漁で採るシロウオ漁が名物で。西浦ありささんが佐々町観光協会コーディネーターに就任した際に新規のイラストを描いたんです。そのとき「漁の網を持って、網の中でシロウオが踊っているような感じで」とご依頼が来て。鉄道むすめはみんな、キャラクター自体はちょっとアニメや漫画のような絵柄ですが、衣装や小物に関してはリアルに描く。なので「シロウオをリアルに書いたら半透明で見えにくい上に、少し気持ち悪いかな」という問題が発生しました。この時シロウオと向き合って、トミーテックさんから「少しデフォルメして可愛くしてみては」というアドバイスをいただいて、可愛く描きつつシロウオと分かるように……そういうアレンジが必要になる、ちょっと特殊なイラストだったという思い出があります。シロウオ漁をデフォルメするのは結構難しかったんですけど、でも面白かったです。

　通常の制服を描く方が気が楽な部分もあるんですけれど、実際の制服や小物も、鉄道がお好きな方からするとスケール感が変だったり、デフォルメしすぎると「これちょっと違うんじゃない?」みたいな「萎えポイント」になったら嫌だなという緊張があって。緊張感は、制服の方があるかもしれません。工数が多いのはオリジナル衣装ですが。

——ちなみに網を持つポーズを考えたのは先生ですか。

「網を持つ」という点はご依頼時にいただいていて、どのようなアングルかという点は私の方で考えました。鉄道むすめは基本的に水平アングルから書くという縛りがありますが、その中でどうやったら収まりがいいかを考えつつ、ポーズを決めます。鉄道むすめはイラストや画像で指示があまり来ないんです。指示やご希望は割と言葉で来るので、そこから「こうしたらかわいいかな、見やすいかな」ということをすごく考えました。

　でも鉄道むすめは本当に困らないぐらいを資料いただけるので、いつもありがたいなと思っています。こんなに資料をもらえることは他にあまりないので。

トミーテック　弊社は鉄道模型のメーカーで、そこから派生して鉄道むすめが生まれました。鉄道模型を作る際はいろんな角度から写真を撮るので、鉄道むすめも「正確に再現しなければ」というところから写真資料を多く撮っています。

　実物は角度が違うと「ここにこれが付いている」という見えない部分が多々ありまして。いろんな写真を見ると実際描かないにしても、理解度が違います。

——鉄道むすめとほかのイラストのお仕事との違いはありますか。

　見せ方に関してのご要望はあまり多くないです。自然に見えるが一番重要ですね。例えば「愛らしく首をかしげて」等の縛りは少ないです。それだけにこちらでよいイラストを描き、皆さんに親しんでもらえるといいなって思っています。

　それと昔から知っている作家さんのキャラクターを、私が描かせていただいたのはすごく嬉しかったです。私は他の作家さんの絵がとても好きなんです。なので、他の方がデザインしたキャラクターを自分のテイストで描くのはすごく楽しいんですよ。

　初期からずっと鉄道むすめを支えていらっしゃる作家さんのキャラクターを描くのは「元の良さが消えないかな」という悩みもあります。なので、「らしさ」を守りつつ、作家さんやキャラクターに対するリスペクトを持って、模倣にならないようにという難しさみたいなものも……楽しいことではあるんですけど、緊張しながら描いています。

——鉄道事業者だけでなく、先生方の思いなど、いろんなものを背負っているコンテンツだと改めて思います。先生にとって鉄道むすめはどのような存在ですか。

継続して、自分の絵柄で自由に描いているキャラクターで。ご依頼が来ると楽しい気持ちになります。

親や恩師、イラストにあまり興味がない友達が「頑張ってるね」って言ってくれるのも嬉しいです。自分の名前で公共の場に置いていただける、公共性のあるお仕事として、とても充実感があります。普段のお仕事と、ターゲット層も見てくださる層もまったく違っているので。すごく新鮮でありつつ、ずっとお付き合いできたら本当に嬉しいなと思うお仕事です。

私は学生のときに静岡にいて、当時静岡鉄道を頻繁に利用していたんです。なので静岡鉄道さんのキャラクターを担当したときは「故郷に錦を飾る」感がありました。地元静岡の親しい方々がみんな見に行ってくれて「絵を見たよ」って連絡をくださってとても嬉しかったです。

鉄道むすめはやりがいもあるし、感覚としてはライフワーク感。駅に行って、自分のイラストパネルを見ることはあまりないので。ただ鉄道には詳しくないので、鉄道ファンの方も楽しめるものになるといいなという、ちょっと自信のなさが多少ありますけど。

――鉄道ファンに対してのお話が出ましたが、先生は元々鉄道はお好きでしたか。

詳しくはないですが鉄道旅は大好きで、若いころは「青春18きっぷ」で友達と旅に行っていましたね。路線図や時刻表を見るのも楽しくて「これがこうなっているから、本当は今ここに到着しているけれど遅延しているので、次はここで乗り換えて……」と考えるのが楽しくて好きです。

――ちなみに担当されてる鉄道むすめのイラストやパネルを見に行かれたりしたことは。

大阪に行く機会がよくあるので、「黒潮しらら」さんのパネルを見に行きました！　めちゃくちゃ嬉しかったです。他にも行ってみたいところがいっぱいあります。キャラクターを描くので、その地域のことを調べますよね。そうすると観光地が多いので、興味を持って。友人が私のキャラクターのパネルを見に行ったよって写真も送ってくれます。鉄道むすめは実際着用されている制服なので、馴染みのあるものだとみなさん目に留まるでしょうし。

作画する際は、公共の場に飾られるイラストなので、見ている皆さんが心地よく見ていただけるようにということは気にして描いています。どの方にも気に入っていただけるよう、その辺はものすごく気を使っています。

――最後に鉄道むすめのファンの皆さんに一言。

SNSなどで、ファンの皆さんのご感想を見させていただいて、その度に「愛されていてるコンテンツだな」と思って私もとても嬉しいです。イラストを担当させていただいている1人として、今後も頑張っていきますので、これからも鉄道むすめをよろしくお願いします。

JSK

イラストレーター。アニプレックスオリジナルTCG「ビルディバイド」(https://tcg.build-divide.com/official)のほか、キャンペーンコラボイラスト、トレーディングカードイラスト、グッズイラスト等数多くの版権イラストを手がける。

（インタビュー・2023年6月）

★全国規模の人気イベント

「鉄道むすめ®巡り」を楽しもう！

第7回目を迎えた2023年はデジタルスタンプラリーに

「鉄道むすめ巡り」は、全国で活躍する「鉄道むすめ」のいる鉄道事業者を巡るスタンプラリー。

このイベントには、〝イベントに参加することで、地域に出かけたり鉄道の旅を楽しむきっかけになったり、さらに「鉄道むすめ」が各地域を元気にするキャラクターになってほしい〟という想いが込められている。

2012年に開催された第1回目は6キャラクター・6スポットだったが、第7回目となる今回は過去最多の44キャラクター・88ポイントで開催される。

また今回はイベント初のデジタル方式を採用。スマートフォンで二次元バーコードを読み取りキャラクターのデジタルスタンプを集めていくというもの。ぜひ鉄道むすめに会いに、全国各地を巡ってほしい。

「鉄道むすめ巡り」の歴史

第1回 「全国“鉄道むすめ”巡り」（参加事業者：6）
開催期間：2012年2月11日～9月30日

第2回 「全国“鉄道むすめ”巡り2nd」（参加事業者：15）
開催期間：2013年1月11日～9月30日

第3回 「全国“鉄道むすめ”巡り3rd」（参加事業者：11）
開催期間：2014年2月1日～9月30日

第4回 「全国“鉄道むすめ”巡り2015」（参加事業者：23）
開催期間：2015年3月21日～2016年2月29日

第5回 「つなげて！全国“鉄道むすめ”巡り」（参加事業者：32＋モバイル）
開催期間：2017年2月11日～2018年5月31日

第6回 「あつめて！全国“鉄道むすめ”巡り」（参加事業者：31）
開催期間：2019年3月21日～2020年5月31日
※2020年4月24日諸事情にイベント中断、2020年11月20日再開～2021年3月31日まで延長

第7回 「#鉄道むすめ巡り2023」（参加事業者：40）
開催期間：2023年3月17日～2024年4月15日

第7回参加事業者を次のページのMAPでチェックしてみよう！

※P28～紹介するキャラクター・ポイントを紹介しています。
ゲストキャラクターは表記しておりません

鉄道むすめ巡り2023
スタンプラリーポイントMAP

スタンプラリーについて

鉄道むすめ巡り初のデジタルでのスタンプラリーが
2023年３月17日～2024年４月15日まで開催！

- **各キャラ２カ所の二次元コードを集めて、スタンプのコンプリートを目指そう！**
- **各キャラ２つの二次元コードが揃うと、フルカラースタンプとスマホ用壁紙がゲットできます！**
- **ボーナス壁紙もあります！**

3キャラコンプ・12キャラコンプ・44キャラフルコンプリート
それぞれの時に、ボーナスデザインのスマホ用壁紙をプレゼント！

※画面写真はすべてイメージです。

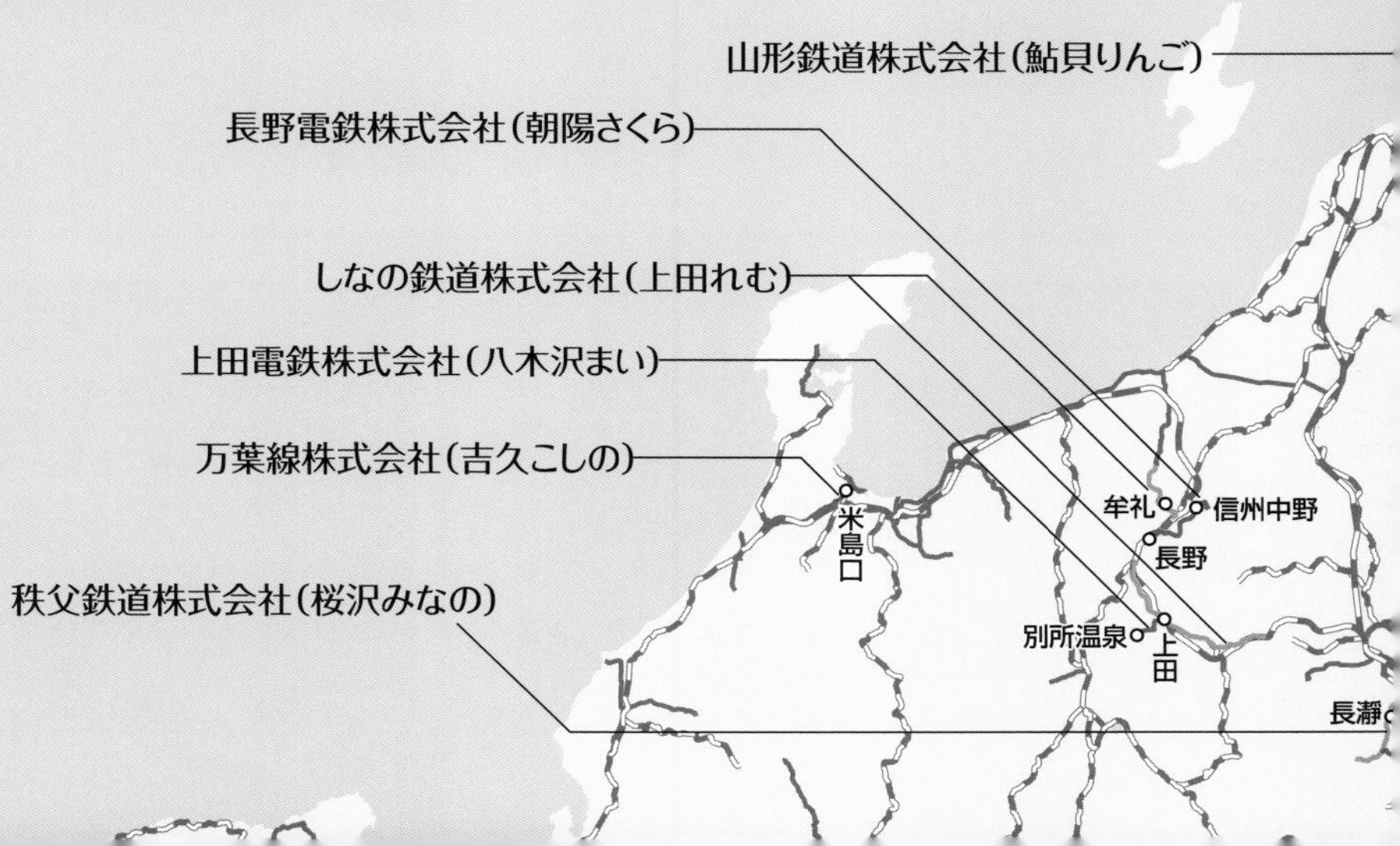

西武鉄道株式会社(川越いぶき)
西武鉄道株式会社(神井みしゃ)
多摩都市モノレール株式会社(立川いずみ)
西武鉄道株式会社(井草しいな)
相模鉄道株式会社
(星川みほし)
みらい平
所沢
本川越
上石神井
上井草
椎名町
西武球場前
玉川上水
多摩センター
秋葉原
五香
東中山
高根木戸
ユーカリが丘
大雄山
小田原
三島
修善寺
いずみ中央
星川
海の公園柴口
鳥浜
伊豆高原
伊豆急下田
比叡山口
坂本
八日市
豊郷
楚原
蓮花寺
愛・地球博記念公園
藤が丘
豊川
石山寺
泉ケ丘
和泉中央
水間観音
貴志
伊太祈曽
湯浅
紀伊御坊
白浜
大阪モノレール株式会社(豊川まどか)
近江鉄道株式会社(豊郷あかね)
三岐鉄道株式会社(楚原れんげ)
愛知高速交通株式会社(八草みずき)
伊豆箱根鉄道株式会社(修善寺まきの)
伊豆急行株式会社(城ヶ崎なみ)
伊豆箱根鉄道株式会社(塚原いさみ)
株式会社横浜シーサイドライン(柴口このみ)
新京成電鉄株式会社(五香たかね)
京成電鉄株式会社(中山ゆかり)
首都圏新都市鉄道株式会社(秋葉みらい)

#鉄道むすめ巡り2023

スタンプラリーポイントMAP

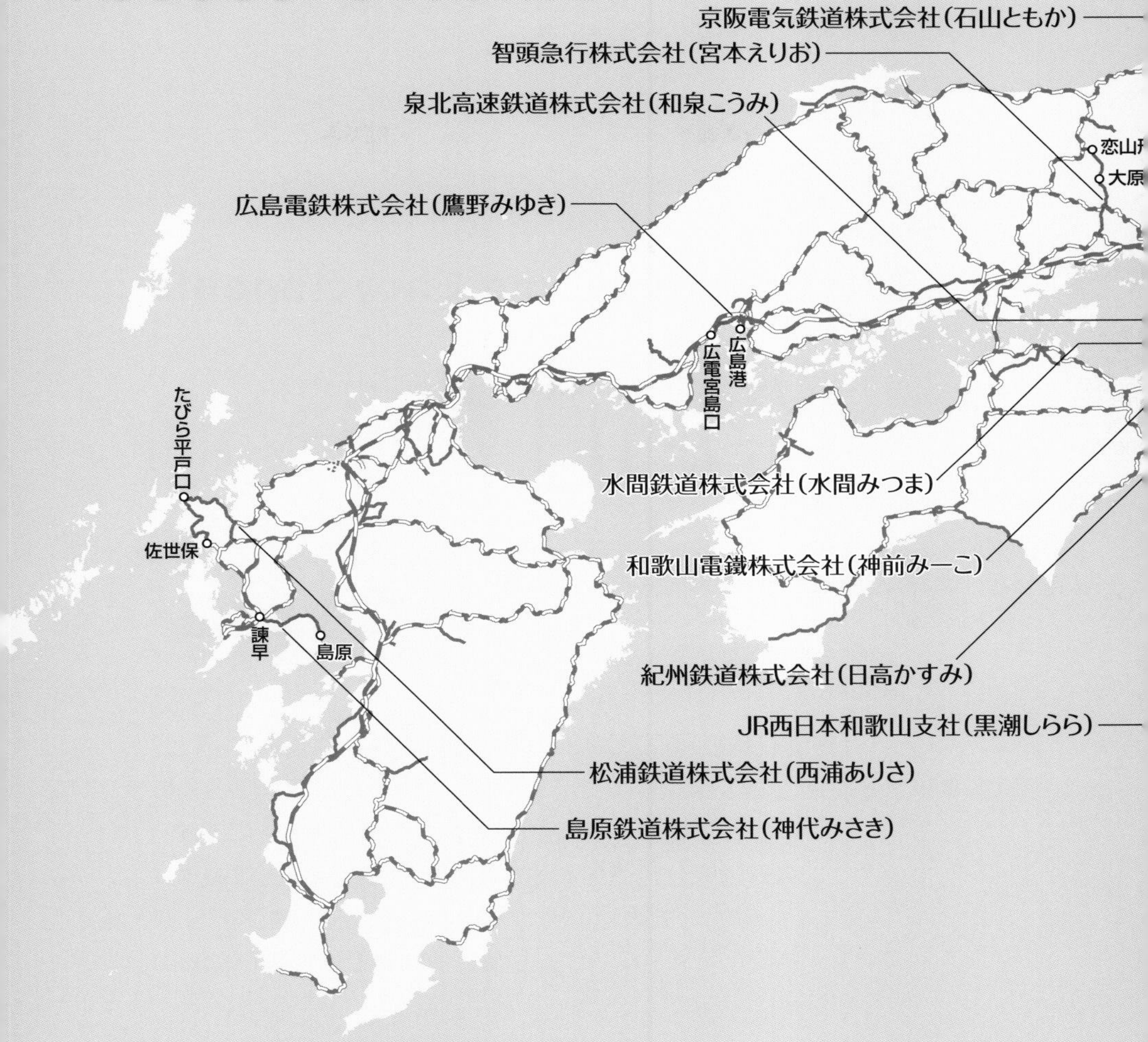

「鉄道むすめ巡り2023 SNSクリアカード」発売!

「#鉄道むすめ巡り2023」記念商品として、
SNS投稿画面風デザインのクリアカードを発売。
風景や小物と一緒に撮影すれば、
旅がより楽しくなること間違いなし!

● サイズ:59㎜×86㎜　厚み3.4㎜
● 店頭販売価格:1,000円(税込)

Tetsudou Musume Encyclopedia

「鉄道むすめ®」図鑑

「鉄道むすめ巡り2023」に参加する鉄道むすめ41人と、
トミーテックのキャラクター・立石あやめ、立石あおばの計43人の
プロフィールを鉄道会社の情報とともに紹介。
各鉄道会社沿線の観光スポットも紹介しているので、
これがあれば「鉄道むすめ巡り2023」が
もっと楽しくなること間違いなし！

INDEX

01 ›› 青い森鉄道株式会社　八戸ときえ …… 028
02 ›› 仙台市交通局　青葉あさひ …… 030
03 ›› 山形鉄道株式会社　鮎貝りんご …… 032
04 ›› 三陸鉄道株式会社　釜石まな …… 034
久慈ありす
05 ›› 阿武隈急行株式会社　丸森たかこ …… 040
06 ›› 会津鉄道株式会社　大川まあや …… 042
07 ›› 野岩鉄道株式会社　八汐みより …… 044
08 ›› ひたちなか海浜鉄道株式会社　殿山ゆいか …… 046
09 ›› 首都圏新都市鉄道株式会社　秋葉みらい …… 050
10 ›› 京成電鉄株式会社　中山ゆかり …… 052
11 ›› 新京成電鉄株式会社　五香たかね …… 054
12 ›› 東武鉄道株式会社　栗橋みなみ …… 056
13 ›› 西武鉄道株式会社　井草しいな …… 060
神井みしゃ
川越いぶき
14 ›› 多摩都市モノレール株式会社　立川いずみ …… 064
15 ›› 株式会社横浜シーサイドライン　柴口このみ …… 066
16 ›› 相模鉄道株式会社　星川みほし …… 068
17 ›› 秩父鉄道株式会社　桜沢みなの …… 072
18 ›› 伊豆急行株式会社　城ヶ崎なみ …… 074
19 ›› 愛知高速交通株式会社　八草みずき …… 076
20 ›› 伊豆箱根鉄道株式会社　修善寺まきの …… 078
塚原いさみ
21 ›› 万葉線株式会社　吉久こしの …… 084
22 ›› しなの鉄道株式会社　上田れむ …… 086
23 ›› 上田電鉄株式会社　八木沢まい …… 088
24 ›› 長野電鉄株式会社　朝陽さくら …… 090
25 ›› 近江鉄道株式会社　豊郷あかね …… 094
26 ›› 三岐鉄道株式会社　楚原れんげ …… 096
27 ›› 紀州鉄道株式会社　日高かすみ …… 098
28 ›› 和歌山電鐵株式会社　神前みーこ …… 100
29 ›› ＪＲ西日本和歌山支社　黒潮しらら …… 104
30 ›› 京阪電気鉄道株式会社　石山ともか …… 106
31 ›› 水間鉄道株式会社　水間みつま …… 108
32 ›› 泉北高速鉄道株式会社　和泉こうみ …… 110
33 ›› 大阪モノレール株式会社　豊川まどか …… 114
34 ›› 広島電鉄株式会社　鷹野みゆき …… 116
35 ›› 智頭急行株式会社　宮本えりお …… 118
36 ›› 松浦鉄道株式会社　西浦ありさ …… 120
37 ›› 島原鉄道株式会社　神代みさき …… 122

Railway 01

青い森鉄道株式会社

全国物流ネットワークも担う！

青い森鉄道は、東北新幹線の盛岡以北の延伸に伴う並行在来線の経営分離を受け、東北本線の青森県区間にあたる目時〜青森間（121・9㎞）を引き継いだ第三セクター鉄道だ。2002年12月1日に目時〜八戸間、10年12月4日に八戸〜青森間と2段階を経て全線開業した。運営にあたっては上下分離方式を採用し、青い森鉄道が旅客列車の運行にあたる一方で、レールや駅などの施設・設備は青森県が保守管理している。

旅客列車はIGRいわて銀河鉄道（盛岡〜目時間）との直通運転を実施しているほか、JR東日本大湊線との直通運転も実施している。また、東北本線時代からの物流の幹線でもあり、北海道直通をはじめ長距離貨物列車の重要ルートとなっているほか、北海道新幹線開業までは「北斗星」など首都圏〜札幌間の寝台特急も乗入れていた。

全線中、八戸で東北新幹線と八戸線、野辺地で大湊線、青森で奥羽本線と津軽線と接続。三陸方面や下北半島、十和田湖方面、浅虫温泉、浅虫水族館などへの観光の足としても活用でき、自社線内のほか他社路線やフェリーなどと提携した企画乗車券も発売されている。

Company Data 鉄道会社データ

青い森鉄道株式会社

所在地	青森県青森市 篠田1丁目6番2号
設立	2001年5月30日
職員数	327名（2023年4月現在）

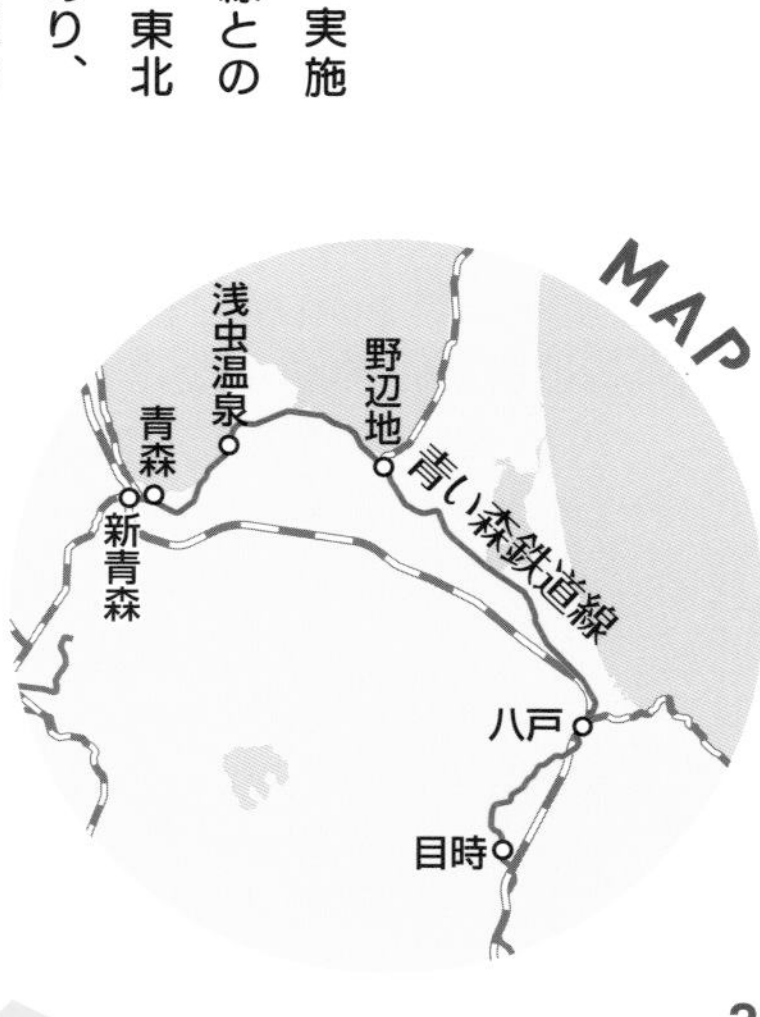

Hachinohe Tokie

八戸ときえ

青い森鉄道株式会社

駅員

★お祭り好きで、身のこなしも軽い。明るい対応が好評

★郷土芸能や芸術に興味があり、最近は現代アートにも関心が高い

★八戸横丁飲食店の一人娘で、お店は遠方のリピーターも多い人気店

★得意料理は鯖缶せんべい汁

鉄道むすめデビュー日
2012年2月14日

誕生日
12月4日

星座
いて座

名前の由来
「八戸駅」と
「目時駅」から

仙台市交通局

路面電車がルーツの地下鉄

仙台市交通局は仙台市が設置する地方公営企業。

鉄道は仙台市地下鉄を運営しており、南北線（泉中央〜富沢間約14・8㎞）と東西線（八木山動物公園〜荒井間約13・9㎞）の2路線を営業している。

仙台市地下鉄が開業したのは1987年7月（南北線）で、2015年12月に2路線目の東西線が開業。東西線では車輪式リニアモーター方式が採用された。東西線の東側終点に位置する荒井車両基地は敷地面積約6・2万㎡全体を地下鉄工事からの発生土を再利用している。車庫としての機能に加え、車両の留置や車両保守業務センターとして東西線運行の重要な役割も担っている。

地下鉄の導入が検討されたのは60年代で、地下鉄開業以前の同社は仙台市電を運営していた。しかし、モータリゼーションの拡大などの影響を受け76年3月末日に廃止。その後、91年4月に仙台市電保存館が開館し、26年の創業時に投入された1号車をはじめ車両や備品、資料などが公開されている。

このほか、路線バス（仙台市営バス）を運営している。

Company Data 鉄道会社データ

仙台市交通局

所在地	宮城県仙台市青葉区 木町通1丁目4番15号
設立	1926年11月25日
職員数	783人（2023年4月現在）

MAP

Aoba Asahi

青葉あさひ

仙台市交通局

運転士

★どんな時も元気。お祭りや、すずめ踊りなど地元のイベントが大好き。明るく活発な妹タイプ。

★趣味はバードウォッチング。特にスズメが好き。近所でスズメを見つけて色鉛筆でスケッチしたり。

★地元出身で地域には詳しいが、運転士としてはまだこれから。東京での研修中にお世話になった、女性運転士の方がいる。

鉄道むすめデビュー日
2016年2月25日

誕生日
12月6日

星座
いて座

名前の由来
「青葉山駅」と
「旭ヶ丘駅」から

Railway 03

山形鉄道株式会社

列車に花模様をラッピング!

山形鉄道は、旧国鉄長井線を引き継ぎ、赤湯～荒砥間30・５㎞を結ぶフラワー長井線を運営する第三セクター鉄道だ。起点の赤湯でＪＲ東日本・山形新幹線（奥羽本線）、今泉で米坂線と接続し連絡ダイヤが組まれている。

長井線の歴史は古く、１９１３年に赤湯～梨郷間で開業した長井軽便線に遡る（長井線全通は１９２３年４月）。そのため沿線は鉄道遺産に恵まれており、１９１４年開業の西大塚と22年開業の羽前成田駅に開業当時の駅舎が現存し登録有形文化財に指定されているほか、宮内駅の駅舎やホームなど国鉄時代の姿を色濃く残す施設も多い。また、23年竣工のダブルワーレントラス橋・最上川橋梁は日本最古の長大鉄橋として推奨土木遺産に認定され、沿線の見どころとなっている。全線にわたり見どころが多いので、じっくりと時間をとって訪れてみたい。

車両は「フラワーライナー」の愛称を持つＹＲ－８８０形気動車が運用され、紅花など沿線の花をデザインしたラッピング車のほか、２０１７年には鉄道むすめ・鮎貝りんごのラッピング車も登場。また、同年に改造より車内にテーブルを配置した食堂車が導入され、貸切列車などに用いられている。

Company Data 鉄道会社データ

山形鉄道株式会社

所在地	山形県長井市 栄町１番10号
設立	1988年4月20日
職員数	33名（2023年７月現在）

MAP

Ayukai Ringo

鮎貝りんご

山形鉄道株式会社

駅務係

鉄道むすめデビュー日

2014年6月25日

誕生日

6月25日

星座

かに座

名前の由来

「鮎貝駅」と
「梨郷駅」から

- ★うさぎ駅長の「もっちぃ」が大好き。「もっちぃ」も「りんご」が大好き。
- ★学生時代は吹奏楽部に所属。好きな映画の影響で、得意なのはジャズ演奏。
- ★沿線に咲く様々な花も大好き。

Railway 04

三陸鉄道株式会社

震災から完全復旧

三陸鉄道は盛と久慈とを結ぶリアス線（163・0㎞）を運営する第三セクター鉄道である。国鉄盛線（盛〜吉浜間）と宮古線（宮古〜田老間）、久慈線（久慈〜普代間）を引き継ぐとともに、未開通だった吉浜〜釜石間と田老〜普代間と合わせ南リアス線（盛〜釜石間）と北リアス線（宮古〜久慈間）の開業によって1984年4月に三陸鉄道として開業を迎えている。

沿線は自然環境に恵まれ、地元の足としての役割を担うとともに、沿線観光地を活かしながら観光輸送にも力を注いできた。90年に投入されたレトロ調車両「おやしお」「くしろお」が話題を呼んだほか、2002年にはお座敷車両「さんりくしおかぜ」を投入するなど鉄道そのものを観光資源として活用している。

2011年3月11日に東日本大震災は三陸鉄道にも大きな被害を及ぼした。路盤や車両などが使用不能になるなど影響は甚大だったが14年4月6日に全線が復旧。

19年3月にはJR東日本から山田線の宮古〜釜石間を譲り受け、盛〜久慈間が南リアス線、リアス線、北リアス線からなる「リアス線と」して一体化され、文字どおり三陸沿岸をカバーする鉄道路線となった。

Company Data 鉄道会社データ

三陸鉄道株式会社

所在地	岩手県宮古市 栄町4番地
設立	1981年11月10日
職員数	132人（2023年3月現在）

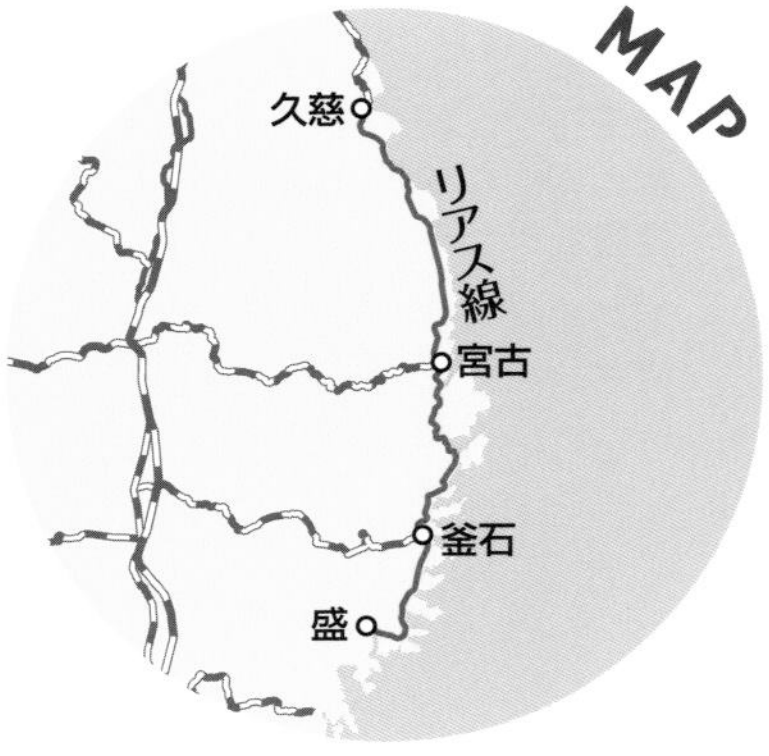

Kamaishi Mana

釜石まな

三陸鉄道株式会社

駅務係

★某雑誌編集部アシスタントだったが、取材で訪れるうちに鉄道が好きになり三陸鉄道へ就職。

★編集部時代のつながりで意外と鉄道業界に明るい。

★周囲のスタッフや先輩に応援されて、日々勉強中です。

鉄道むすめデビュー日
2008年10月9日

誕生日
3月6日

星座
うお座

名前の由来
「釜石駅」と陸中海岸国立公園に咲く「ハマナス」から

Kuji Alice

久慈ありす

三陸鉄道株式会社

運転士

★周りを楽しい気分にさせてくれるムードメーカー。

★趣味は写真撮影。

★海鮮丼と、とれたての「ほや」が大好物。

★最近は「ほや」の美味しさにハマっています。

鉄道むすめデビュー日

2006年3月25日

誕生日

11月3日

星座

さそり座

名前の由来

「久慈駅」と「リアス」のアナグラムから

コラム

沿線観光めぐり その1

青い森鉄道株式会社

浅虫温泉

浅虫温泉駅
下車すぐ

夏泊半島の西岸基部に位置し、平安時代の開湯と伝わる温泉地。「東北の熱海」などとも称され、湯治場や観光地として古くから賑わってきた。夕日の絶景ポイントとして知られる「サンセット・ビーチあさむし」や湯ノ島などの景勝地に恵まれ、カヤックやトレッキングなども人気。浅虫ねぶた祭りや近隣の浅虫ダム湖を舞台とするホタル観賞会などの催しも。創立40周年を迎えた浅虫水族館にもぜひ立ち寄ってみたい。

仙台市交通局

仙台城跡

東西線国際
センター駅下車、
徒歩約10分

青葉城の雅称を持つ仙台城。1601年、伊達政宗によって築城され、廃藩置県が執り行われた1871年まで仙台藩伊達氏の居城として君臨してきた。東と南側が断崖という地形を活かして築城され、天守閣を設けていなかった城としても知られる。城は焼失したものの、跡地一帯が青葉山公園として整備され、本丸跡などからは仙台市街やその先に広がる太平洋を一望。夜間も公開され、夜景スポットとしても人気だ。

山形鉄道株式会社

置賜さくら回廊

沿線各駅下車

山形鉄道フラワー長井線沿線に連なる桜名所を結ぶ置賜さくら回廊。南陽市の「烏帽子山千本桜」を起点に白鷹町までおよそ43㎞の観桜ルートが展開している。沿線には樹齢1200年といわれ坂上田村麻呂ゆかりと伝わる「伊佐沢の久保桜」をはじめ「草岡の大明神桜」や白鷹の「釜の越桜」、県指定天然記念物の「薬師桜」などの古木や巨木、名木が点在。最上川両岸に続く桜並木「最上川堤防千本桜」など見どころが多い。

三陸鉄道株式会社

浄土ヶ浜海岸

宮古駅から
バスで
13～20分

三陸復興国立公園・三陸ジオパークの中心にある海岸で、三陸有数の景勝地として知られる。砂浜海岸に面して林立する流紋岩が独特の景観を見せ、海面に鋭く屹立した岩肌とそこに繁茂するナンブアカマツなどの緑がおりなすコントラストが美しい。この地形が形成されたのはおよそ5200万年前といわれ、17世紀後半に曹洞宗の僧侶・霊鏡竜湖が浄土にたとえ命名したと伝わっている。浄土ヶ浜ビジターセンターも要チェック。

鉄道むすめ®

オリジナルキャラクター ①

Tateishi Ayame

立石あやめ

株式会社トミーテック
広報担当

鉄道むすめデビュー日
2011年12月22日

誕生日
12月22日

星座
やぎ座

名前の由来
トミーテック所在地の葛飾区
「立石」と葛飾区の花
「ハナショウブ」から「あやめ」

★トミーテック事務所のある、東京都葛飾区出身。

★生粋の江戸っ子で、電気で明るい性格。

Railway **05**

阿武隈急行株式会社

車窓美に恵まれた東北本線のサブルート

阿武隈急行は福島～槻木間54・9㎞を結ぶ第三セクター鉄道だ。国鉄時代の1986年7月に開業していた丸森線（槻木～丸森間）を引き継いで暫定開業ののち、88年7月に丸森線の未開通区間であった福島～丸森間の延伸で全線が開業。同時に旧丸森線を含む全線を交流電化させている。

　ほぼ全線が阿武隈川流域に沿って延び、河畔に接近する富野～丸森間では、阿武隈高地を背景に阿武隈川の清流が車窓に展開。車窓美に恵まれた路線である。

　2023年7月現在、全線直通の列車は設定されていないが、1往復のみ仙台発着となっている。また、仙台発着の1往復は、土休日のみ「ホリデー宮城おとぎ街道号」として運行されている。車両は開業時から8100形電車が運行されており、2019年7月1日よりAB900系がデビュー。JR東日本のE721系をベースとした形式で、沿線の自然などをテーマにしたカラーリングが編成ごとに施されるなど新風を吹き込んだ。

Company Data 鉄道会社データ

阿武隈急行株式会社

所在地	福島県伊達市梁川町 五反田100番地1
設立	1984年4月5日
職員数	89名（2023年7月現在）

MAP

Marumori Takako

丸森たかこ

阿武隈急行株式会社

車掌

★物静かな落ち着いた性格で的確に車掌業務をこなす。ファッションは青や緑など涼しげなカラーリングが好み。

★旅の思い出に記念切符を集めるのが趣味。いつかオリジナル切符を企画したいと思っている。

★ネコやうさぎなど小動物が大好き。休日は友人が勤める動物駅員のいる鉄道へ遊びに行くことも。

鉄道むすめデビュー日
2018年6月14日

誕生日
7月1日

星座
かに座

名前の由来
「丸森駅」と
「高子駅」から

会津鉄道株式会社

観光車両を積極的に投入！

　会津鉄道は西若松～会津高原尾瀬口間57・４㎞を結ぶ会津線を運営する第三セクター鉄道である。会津線は国鉄からＪＲ東日本に転換後、１９８７年７月16日に会津鉄道として開業。西若松でＪＲ東日本只見線と、会津高原尾瀬口で野岩鉄道会津鬼怒川線と接続し、東武鉄道を介して東京圏と会津とを結ぶ山間ルートの一翼を担う鉄道路線だ。

　沿線は塔のへつりなどの景勝地や湯野上温泉をはじめとする温泉地、大内宿などの歴史遺産に恵まれているほか、会津や日光など接続路線とリンクした観光ルートを形成。２００２年に「ＡＩＺＵマウントエクスプレス」を会津若松～会津田島間で運行開始、翌年にはお座敷車とトロッコ、展望車からなる観光列車「お座トロ展望列車」を投入するなど、観光需要の拡大にも積極的に取組んでいる。前者は喜多方や鬼怒川温泉との直通運転など、路線の特性を活かした運用が持ち味となっている。

　また、東武鉄道の特急「リバティ」が会津田島まで乗入れ、浅草との間を直通運転を実施。会津田島～会津若松間で「リレー号」と接続するなど、東武・野岩・会津・ＪＲ４社間で連絡ダイヤが組まれているのも特徴といえるだろう。

Company Data 鉄道会社データ

会津鉄道株式会社

所在地	福島県会津若松市 材木町１丁目３番20号
設立	1986年11月10日
職員数	69名（2023年６月現在）

MAP

Ookawa Maaya

大川まあや

会津鉄道株式会社

アテンダント

鉄道むすめデビュー日

2017年4月13日

誕生日

7月16日

星座

かに座

名前の由来

「大川ダム公園駅」と
「あまや駅」から

★記憶力が抜群。沿線情報、乗り入れる他社鉄道の情報など、新しい情報は乗務員手帳に記録してどんな質問にも対応できる。

★湯野上温泉駅の足湯を紹介して仲良くなった、温泉が大好きな特急列車車掌の友人がいる。

★動物が大好きで、１番好きな動物はネコ。２番目に好きな動物はウサギ。

Railway 07

野岩鉄道株式会社

絶景がめじろ押しの山岳路線

野岩鉄道は新藤原と会津高原尾瀬口とを結ぶ会津鬼怒川線（30・7㎞）を運営する第三セクター鉄道。新藤原で東武鬼怒川線、会津高原尾瀬口で会津鉄道会津線と接続し、東京圏と会津とを結ぶルートの一部となっている。

会津鬼怒川線が開業したのは1986年10月9日。もとは国鉄野岩線として計画され一部で建設が進んでいたが、国鉄再建法のもと工事が凍結していた路線であった。野岩鉄道は凍結中の野岩線を引き受ける形で設立され、会社設立後に建設工事が再開するとともに開業に至っている。

起点の新藤原を出ると鬼怒川ぞいに北上し、栃木・福島県境に位置する帝釈山脈に分け入ってゆく。全線が山岳路線の様相を呈し、橋梁が64カ所を数えるなど車窓美に恵まれた路線だ。また、川治温泉や湯西川温泉など多数の温泉地を沿線に擁することから「ほっとスパ・ライン」の愛称を持つ。

東武鉄道から特急「リバティ会津」が乗り入れるほか、夜行列車「尾瀬夜行」「スノーパル」がシーズンごとに乗入れ。鬼怒川温泉～会津若松間の「AIZUマウントエクスプレス」が各駅停車（男鹿高原は通過）で運行されている。

Company Data 鉄道会社データ

野岩鉄道株式会社

所在地	栃木県日光市 藤原326番地3
設立	1981年11月20日
職員数	45名（2018年3月現在）

MAP

Yashio Miyori

八汐みより

野岩鉄道株式会社

駅務係

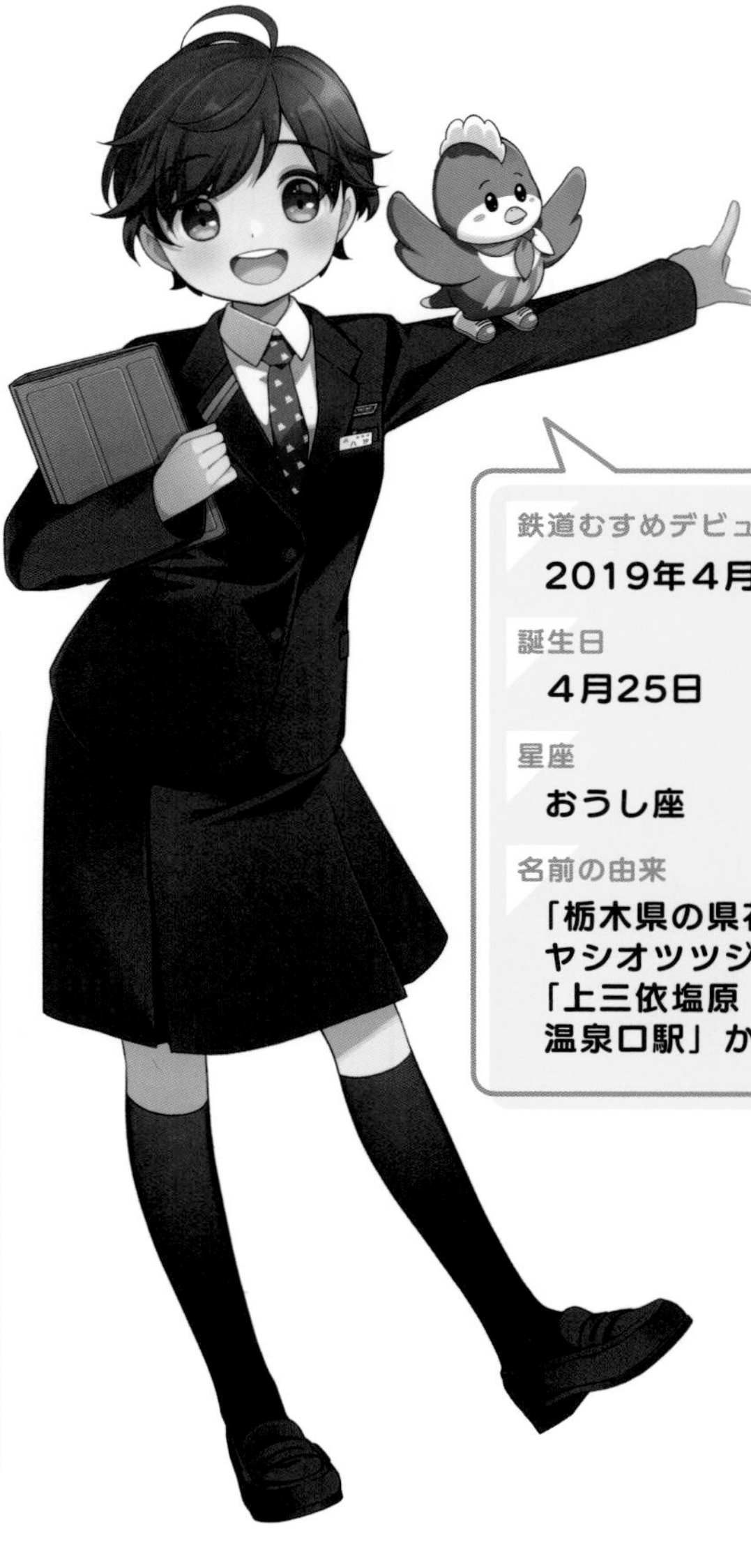

鉄道むすめデビュー日

2019年4月25日

誕生日

4月25日

星座

おうし座

名前の由来

「栃木県の県花・ヤシオツツジ」と「上三依塩原温泉口駅」から

★明朗活発な元気娘。持ち前の人懐こい笑顔で乗客と接する。

★ハイキングが趣味で、仲の良い車掌の友人たちと龍王峡やもみじ谷大吊り橋など沿線の名所をよく巡っている。その時その時の季節が生み出す風景を写真に収めるのも楽しみの一つ。

★温泉巡りも好きで、いわく「ハイキング後に入る温泉はサイっコー！」とのこと。

Railway 08

ひたちなか海浜鉄道株式会社

人気のひたち海浜公園へのアクセスも

ひたちなか海浜鉄道は茨城交通湊線を引き継いだ第三セクター鉄道で、ひたちなか市と茨城交通の出資により設立された。

湊線は勝田～阿字ヶ浦間を結ぶ14・3㎞の非電化路線で、1913年に湊鉄道として開業した古い歴史を持つ路線だ。勝田でJR東日本常磐線と接続、那珂川左岸ぞいに東進し那珂湊で大平洋岸に至る。

移管後は列車増発や新駅開業などに取組み、落ち込んでいた乗客数が回復。地域の足として利用されるとともに、那珂湊や国営ひたち海浜公園へのアクセス利用も多い。現在、阿字ヶ浦から国営ひたち海浜公園西口付近までの3・1㎞区間の延伸が計画されている。

全列車が気動車による運行で、元国鉄のキハ20形や三木鉄道（2008年廃止）から譲渡されたミキ300形など貴重な車両が活躍しており、〝乗りテツ〟、〝撮りテツ〟ともに注目したいところ。

また、オリジナルの新製車両であるキハ3710形とキハ37100形は地元企業などとの協賛でラッピングトレインとして運行されている。中根駅付近に広がる水田と列車とのコラボは湊線撮影の人気スポットだ。

Company Data 鉄道会社データ

ひたちなか海浜鉄道株式会社

所在地	茨城県ひたちなか市釈迦町22番2号
設立	2008年4月1日
職員数	28名（2023年4月現在）

MAP

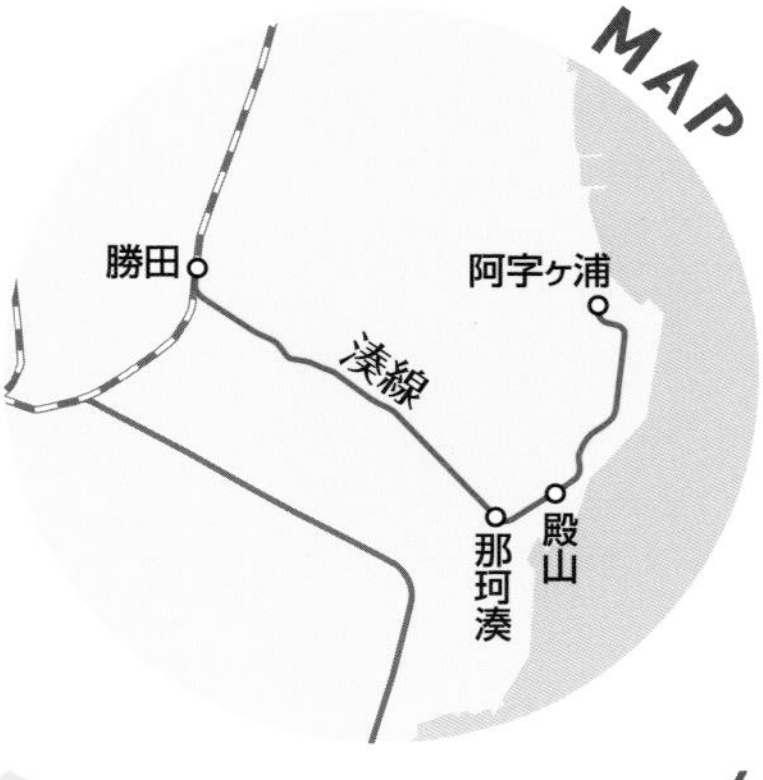

Tonoyama Yuika

殿山ゆいか

ひたちなか海浜鉄道株式会社

駅務係

鉄道むすめデビュー日

2021年4月28日

誕生日

7月17日

星座

かに座

名前の由来

「殿山駅」から姓を、ひたちなか市の代表的な芋品種「たまゆたか」の「ゆ」、「いずみ」の「い」、「べにはるか」の「か」をつなげた『ゆいか』から

★ひたちなか市の干し芋農家出身。そのためか干し芋が大好きで、利き酒ならぬ「利き干し芋」が得意。干し芋を使ったスイーツ作りも趣味のひとつ。

★誰からも愛される性格……だけでなく、猫にもなつかれやすい様子。自身も大の猫好きで「駅猫おさむ」グッズは常に身に着けている。普段の話し言葉は丁寧なのだが、興奮するとついつい茨城訛りが出てしまい……!?

★海鮮大好きで、冬になると那珂湊の市場であんこう鍋に舌鼓！　那珂湊でもうひとつ目がないのが「那珂湊焼きそば」で、各店舗で異なる豊富な味を求めて食べ歩いちゃうことも。

コラム 沿線観光めぐり その②

阿武隈急行株式会社

阿武隈ライン舟下り

丸森駅下車、
土休日のみ
バスあり

阿武隈急行線の車窓を彩る阿武隈川。その渓谷美を満喫できるのが、阿武隈ライン舟下りだ。丸森駅の発着場を拠点におよそ11㎞の舟旅が楽しめる周遊コースと、あぶくま駅スタートのあぶくま駅コースで、タイミング次第で舟上から阿武隈急行の走行シーンに出会えるかも。コース上には弘法の噴水などの見どころが点在。期間限定のナイトクルーズや事前予約で「季節のお弁当」などの楽しみも見逃せない！

会津鉄道株式会社

塔のへつり

塔のへつり駅
下車すぐ

会津鉄道に寄り添って流れる阿賀川に形成された河食地形の景勝地で、国の天然記念物に指定されている。「へつり」とは会津方言で断崖を指す言葉で、およそ200mにわたって河岸に奇岩群が展開している。100万年規模の侵蝕と風化が生み出した奇景といわれ、断崖に設けられた遊歩道はスリリング。奇岩には屏風岩や護摩塔岩など形状からイメージされた愛称がつけられ、断崖内部の見学もポイントもあり興味深い。

野岩鉄道株式会社

道の駅湯西川

湯西川温泉駅
下車すぐ

温泉入浴が楽しめる道の駅湯西川。湯西川温泉駅に隣接、源泉掛流しの温泉と岩盤浴、足湯が揃うほか、お食事処や売店を併設し人気の立ち寄りスポットとなっている。７～11月には水陸両用バス「LEGEND零ONE号」を用いた川治ダム湖遊覧ツアー「湯西川ダックツアー」が催行され人気だ。湯西川温泉駅は湯西川温泉の玄関駅でもあり、ホームがトンネル内に設けられていることでも鉄道ファンに注目されている。

ひたちなか海浜鉄道株式会社

国営ひたち海浜公園

阿字ヶ浦駅
下車、バスで
約10分

終点の阿字ヶ浦駅まで訪れたら、国営ひたち海浜公園まで足を延ばしてみたい。草原エリアや樹林エリア、砂丘エリアなど７つのエリアが個性的な空間をつくり、みはらしの丘一面に広がる季節ごとの花の広場がとくに有名。秋のコキアやコスモス、春のネモフィラなどが緩やかな丘いっぱい咲き広がる展望はぜひ体験してみたい。沿線では、那珂湊おさかな市場も人気の観光スポット。那珂湊駅で途中下車して訪れてみては？

Railway

09 首都圏新都市鉄道株式会社

首都圏路線網に新風を吹き込んだ

つくばエクスプレスの愛称で知られる第三セクター・首都圏新都市鉄道。1985年に答申された常磐新線案をもとに建設された路線で、同社はその基本計画から運営に携わってきた。開業は会社設立から14年5カ月を経た2005年8月24日で、それまで都心とを直結する鉄道路線の空白エリアをカバー、守谷で関東鉄道常総線、流山おおたかの森で東武野田線と接続するなど、新たな乗継ぎルートを持つ新線の誕生となった。

守谷～みらい平間に交直流のデッドセクションがあるため、交直両用のTX-2000系とTX-3000系のほか直流専用のTX-1000系が運用中。速度面では、良好な線形を活かす形で最高速度130km/h運転を実施。秋葉原～つくば間58・3kmを最速45分で結んでいる。

終点のつくば駅は筑波研究学園都市として開発された街で、筑波大学をはじめとする教育機関のほか、筑波宇宙センターなどの研究機関が集まっている。つくば駅に隣接してつくばセンター(バスターミナル)があり、各研究機関など周辺地域の都市路線に加え、筑波山へのアクセスとしても利用されている。

Company Data 鉄道会社データ

首都圏新都市鉄道株式会社

所在地	東京都千代田区神田練塀町85番地（JEBL秋葉原スクエア）
設立	1991年3月15日
職員数	770名（2023年4月1日現在）

Akiba Mirai

秋葉みらい

首都圏新都市鉄道株式会社

乗務員

鉄道むすめデビュー日

2009年11月27日

誕生日

8月24日

星座

おとめ座

名前の由来

「秋葉原駅」と
「みらい平駅」から

- ★運転士試験に合格し、現在は乗務員として活躍中です。
- ★相変わらず家電や電子機器に詳しく、突然の機械トラブルにも難無く対応できます。
- ★駅務係から乗務員となる間に、同業他社の友人も増えました。

Railway 10

京成電鉄株式会社

空港アクセスにも活躍！

京成電鉄は大手私鉄のひとつで、京成上野～成田空港間の本線をはじめ、東京都と千葉県に7路線152・3㎞を展開。通勤・通学など日常の足のほか、成田国際空港へのアクセス路線としても重要な役割を果たしている。

空港連絡は、本線経由と京成高砂と成田空港とを結ぶ成田空港線経由の2ルートを持つ（成田空港線および駒井野信号場～成田空港間は第二種鉄道事業者として運営）。2010年7月に開業した後者路線は「成田スカイアクセス線」の愛称を持つメインルートとなっており、空港特急「スカイライナー」が在来線最速の160㎞／h運転で日暮里～空港第2ビル間を最速36分で結ぶ。また、両線と都営浅草線、京急線経由で成田空港～羽田空港間の直通運転によって、両空港間の連絡にも対応。京浜急行電鉄との相互直通運転では、ほかに逗子線および久里浜線との直通列車も設定。本線と芝山鉄道（東成田～芝山千代田間）および千葉線と新京成電鉄との直通運転など、他者路線とリンクし利便性の向上をはかっている。

古くから成田山新勝寺や柴又などへの足として利用されており、映画「男はつらいよ」では柴又駅がたびたび登場している。

Company Data 鉄道会社データ

京成電鉄株式会社

所在地	千葉県市川市 八幡3丁目3番1号
設立	1909年6月30日
職員数	1831名（2023年3月31日現在）

MAP

Nakayama Yukari

中山ゆかり

京成電鉄株式会社

運転士

★運転士試験に合格し、現在は運転士として活躍中です。

★駅務掛の時に築いた接客時の笑顔は、今も健在。すべてのお客様に最高の笑顔で対応します。

★休日は地域のバスケットボールチームで活躍。趣味で寄席に行くことも。

鉄道むすめデビュー日
2007年7月28日

誕生日
1月8日

星座
やぎ座

名前の由来
「中山駅」と
「ユーカリが丘駅」
から

新京成電鉄株式会社

旧軍用路線跡地を活かして建設

新京成は京成グループの一員をなす準大手私鉄で、松戸～京成津田沼間26・５㎞の新京成線を運営。京成津田沼で京成本線・千葉線と接続し、日中時間帯を中心に千葉線との直通運転を実施、同社のコーポレートカラーであるジェントルピンクを配した車両が乗入れ運転をしている。また、新津田沼がＪＲ総武線の津田沼駅との乗り換え駅となっているほか、北習志野で東葉高速線、新鎌ヶ谷で北総線、成田スカイアクセス線、東武線、八柱でＪＲ武蔵野線、松戸でＪＲ常磐線とそれぞれ接続している。

全線開業したのは１９５５年４月21日で、会社設立後の47年12月に開業した新津田沼（旧駅）～薬園台間を皮切りに段階的に延伸してきた。旧陸軍鉄道連隊が使っていた演習線の一部の払い下げを受け、電車を走りやすくするため、多くの改良工事を行った。

新京成線はカーブが多く、各地で迂回するような経路を取っているのが地図上からもわかる。これは、鉄道連隊の演習線が既定の距離を満たすため、曲線で距離を増やしていたもので、新京成線の特徴の一つとなっている。

Company Data 鉄道会社データ

新京成電鉄株式会社

所在地	千葉県鎌ケ谷市 くぬぎ山４丁目１番12号
設立	1946年10月23日
職員数	475人（2023年３月31日現在）

MAP

Goko Takane

五香たかね

新京成電鉄株式会社

駅務掛

★入社したばかりの新人駅務掛。持ち前の元気さと周りも明るくする笑顔が、先輩たちからも好評。

★鎌ケ谷あたりにある梨農家の長女として生まれ、子どものころから鎌ケ谷大仏様に慣れ親しんで成長してきた。大仏様のそばを走るピンクの電車の影響か、ピンク色が大好きで自分のラッキーカラーだと信じている。

★学生時代はバスケットボール部に所属しており、スポーツ全般が好きなのだが、今は観戦するのがメイン。地元プロスポーツチームの応援にはついつい熱狂してしまう！

鉄道むすめデビュー日

2021年4月21日

誕生日

4月21日

星座

おうし座

名前の由来

「五香駅」と
「高根公団駅」
「高根木戸駅」から

Railway

12

東武鉄道株式会社

関東最長規模を誇る大手私鉄

東京都と埼玉、千葉、栃木、群馬の各都県に営業キロ４６３・３㎞の鉄道路線網を持つ東武鉄道。ＪＲを除くと近畿日本鉄道に次ぐ路線規模を維持している。２０２２年に創立１２５周年をむかえ、社名や社紋は創立当初から変更されていない。路線網は浅草～伊勢崎間を結ぶ伊勢崎線を中心とする本線系統10路線と池袋～寄居間の東上線を中心とする2路線にエリア分けができる。

沿線に日光をはじめ著名観光地を擁していることから、観光やビジネス向けの優等列車運行に早くから取組み、その歴史は戦前の１９２９年に浅草～東武日光間で運行開始した特急に遡る。車両面でも１９６０年にデビューした１７２０系ＤＲＣが代表格でその後も、１９９０年の１００系「スペーシア」、２０１７年の５００系「リバティ」、２０２３年には待望の新型特急「スペーシア X」が登場。個性的な車両を輩出している。現在、亀戸線と大師線、小泉線、越生線を除く各線で全車指定席の有料優等列車を運行。鬼怒川線直通特急の一部は野岩鉄道と会津鉄道との直通運転も実施されているほか、日光線と鬼怒川線特急の一部はＪＲ東日本との相互直通運転を行っている。

Company Data 鉄道会社データ

東武鉄道株式会社

所在地	東京都墨田区 押上２丁目18番12号
設立	1897年11月1日
職員数	3470人（2022年3月31日現在）

MAP

Kurihashi Minami

栗橋みなみ

東武鉄道株式会社

駅務係

鉄道むすめデビュー日

2006年3月25日

誕生日

6月10日

星座

ふたご座

名前の由来

「南栗橋駅」から

- ★明るい声で周りを元気にさせてくれる。くせっ毛を少し気にしている。
- ★新しい制服にも慣れてきました。
- ★休日を使っては、趣味で全国の気になる鉄道に乗りに行っています。

コラム

沿線観光めぐり その③

首都圏新都市鉄道株式会社

つくばエキスポセンター

つくば駅下車、
徒歩約5分

宇宙やエネルギーをはじめ最新科学技術の研究開発などに触れられるつくばエキスポセンター。1985年に開催された「国際科学技術博覧会」を記念し設立された科学館だ。屋外にそびえる高さ50mのH-Ⅱロケットの実物大模型や世界最大級のプラネタリウム、未来をテーマにした展示コーナーなどで身近に科学体験ができる。また、天体観測会や科学教室などのイベントも充実。近隣にはさくら交通公園などの見どころも。

京成電鉄株式会社

佐倉ふるさと広場

京成佐倉駅から
バスで約10分

オランダ風車「リーフデ」や季節の花畑が織りなす風景が美しい佐倉ふるさと広場。「リーフデ」は友愛を意味するオランダ語で、オランダ人技師の手で建設された本格的水汲み用風車だ。風車守の操作で回転する風車の様子が観察できるなどオランダ風車の醍醐味を身近に体験できる。春のチューリップフェスタや夏のひまわりガーデン、秋のコスモスまつりなどイベントも開催。京成臼井〜京成佐倉駅間からも望める。

新京成電鉄株式会社

21世紀の森と広場

常盤平駅または
八柱駅下車、
徒歩約15分

森林や湿地など従来の地形や自然を活かして開設された公園。都市公園にありがちな舗装や埋め立てを避け、自然尊重型をテーマに設計されている。園内にはパークセンターやカフェテラス、バーベキュー場などがあるほかは過度な施設も設けられておらず、水と緑、森の散策を通して自然に触れられる貴重な公園といえるだろう。最寄りの常盤平駅南口側に625本の桜並木がある常盤平さくら通りも見どころだ。

東武鉄道株式会社

東武動物公園

伊勢崎線東武
動物公園駅から
徒歩約10分

「ハイブリッドレジャーランド」のキャッチコピーを持つ東武動物公園。動物園と遊園地、さらにプールや花と緑の庭園「ハートフルガーデン」がコラボした大型観光施設だ。動物園には約120種の動物が揃い、暮らす環境を再現した展示やエサやり体験などを通し動物とふれあえるコーナーも充実。動物パレードなどのイベントも開催されている。遊園地では新滑空水上コースターカワセミなど人気アトラクションが揃う。

Railway

13

西武鉄道株式会社

観光路線としての魅力も大きい

西武鉄道は東京都と埼玉県に12路線・176・6㎞の鉄道路線網を展開する大手私鉄のひとつ。西武グループの主幹企業であり、沿線の宅地開発などと合わせ発展してきた。都心ターミナルを池袋と新宿に持ち、池袋〜吾野駅間の池袋線を中心に5路線を擁する池袋線系統と、西武新宿〜本川越駅間の新宿線を中心とする5路線を擁する新宿線系統、飛び地路線の多摩川線と新交通システムの山口線がある。また、西武有楽町線を介して、池袋・西武秩父・狭山線と東京メトロ有楽町線および副都心線と東急東横線、横浜高速鉄道みなとみらい線との直通運転を実施。土休日には西武秩父〜元町・中華街駅間113・8㎞をロングランする全車指定席の「S-TRAIN」が運行中だ。

秩父や川越などへの観光地アクセスにも力を入れており、1969年に投入された5000系電車は「レッドアロー」の愛称で親しまれた。2019年には001系「Laview」がデビュー。池袋・西武秩父線の特急「ちちぶ」「むさし」として運行されているほか、新宿線では10000系「ニューレッドアロー」による特急「小江戸」が西武新宿〜本川越駅間を結んでいる。

Company Data 鉄道会社データ

西武鉄道株式会社

所在地	埼玉県所沢市 くすのき台1丁目11番地1
設立	1912年5月7日
職員数	3729人（2021年度末）

MAP

Igusa Shiina

井草しいな

西武鉄道株式会社

車掌

鉄道むすめデビュー日

2009年2月19日

誕生日

8月3日

星座

しし座

名前の由来

「上井草駅」と
「椎名町駅」から

★常に冷静に、正確に。新人ながら落ち着いた立ち振る舞い。

★言葉数は少ないが、穏やかな笑顔で和ませます。

★子どものころから熱心な野球ファン。

★夏の暑さも元気に乗り切ります！

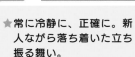

Kamii Misya

神井みしゃ

西武鉄道株式会社

特急アテンダント

★進学を機に、特急アテンダントに転身しました！　沿線の大学に通いながら、特急ラビューや特急レッドアローの乗務しています。

★『トモニー』スタッフ時代から持ち前の笑顔は、社内でも太鼓判！

★車掌や工務部の先輩たちとの交流が増えました。仕事の大変さを聞きながら、「自分も頑張ろう！」と気を引き締めています。

★仕事で目にする個性的な電車たちに愛着がわいてきて、鉄道好きにますます磨きがかかっています！

鉄道むすめデビュー日

2009年8月28日

誕生日

7月3日

星座

かに座

名前の由来

「上石神井駅」から

Kawagoe Ibuki

川越いぶき

西武鉄道株式会社

技術職（工務部）

★西武鉄道の工務部建設事務所に所属。おもに駅施設の施工管理などを担当。

★頭の回転が速く、考えるときは目を閉じるクセがある。

★鉄道業界に勤める人間が多い家系で、他事業者で車掌を勤める姉がいる。

鉄道むすめデビュー日
2012年9月28日

誕生日
3月21日

星座
おひつじ座

名前の由来
「本川越駅」と「西武球場前駅」から

多摩都市モノレール株式会社

東京都西部エリアの新ルートを確立

多摩都市モノレールは、東京都の西部に位置する多摩地域を南北に運行し、接続各線との連携による交通網の拡充を目的に設立されたモノレール路線だ。

1998年11月に東大和市の上北台駅〜立川市の立川北駅間が第Ⅰ期区間として開業したのち、2000年1月に立川北駅と多摩市の多摩センター駅間が第Ⅱ期区間として開業(全長16・0㎞)し、跨座式モノレールである1000系車両によって運行されている。路線の特徴として、玉川上水駅の西武拝島線を含め6駅で4社8路線と接続しているため、各社の輸送障害時の振替輸送経路としても積極的に用いられている。

計画ではJR八高線の箱根ケ崎方面と八王子、町田方面のエリアを結び、全体として93㎞の路線が構想されている。現在は上北台駅〜箱根ケ崎方面の延伸計画がすすめられている。

多摩都市モノレールの開業により沿線は住宅開発が進み通勤需要が旺盛なほか、中央大学や国立音楽大学など教育機関が点在することから通学利用が目立つのも特徴だ。また、多摩動物公園へのアクセスにも便利で、休日を中心に利用者が多い。

Company Data 鉄道会社データ

多摩都市モノレール株式会社

所在地	東京都立川市 泉町1078番地92
設立	1986年4月8日
職員数	242人(2022年3月31日現在)

Tachikawa Izumi

立川いずみ

多摩都市モノレール株式会社
駅務係員

★子どもに好かれやすく、駅での迷子のお世話も得意。子ども目線で話を聞きます。

★立川生まれの、立川育ち。休日は立川でショッピング。

★得意なスポーツはバトミントン。地元の泉体育館で楽しんでいます。

★他社で車掌をしている幼馴染の友人とは、玉川上水で待ち合わせ。

鉄道むすめデビュー日
2010年3月27日

誕生日
11月27日

星座
いて座

名前の由来
「立川北駅」と
「泉体育館駅」から

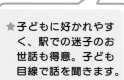

Railway 15

株式会社横浜シーサイドライン

海辺の絶景も魅力の新交通システム路線

横浜シーサイドラインは、横浜市の新杉田と金沢八景とを結ぶ全長10・８㎞の新交通システム路線だ。第三セクター・横浜新都市交通株式会社として１９８３年に設立（２０１３年に現社名に改称）、89年７月に横浜シーサイドラインが開業している。19年３月には仮駅で営業していた金沢八景駅を移設のうえ京浜急行の同駅とを結ぶ連絡通路などを整備し、乗継ぎの利便性が向上した。また、起点の新杉田駅ではＪＲ東日本京浜東北根岸線と接続している。

沿線の内陸側は住宅地として整備されている一方、海岸側は工業団地や物流基地などが立ち並ぶエリアとなっており、日常の通勤通学の足として利用されている。沿線には商業施設のほか横浜・八景島シーパラダイスや海の公園もあり、行楽客の利用も多い。八景島駅付近から金沢八景駅間は海が広がり車窓から眺める景色は見事だ。

海辺のレジャー利用などをターゲットに並木中央駅駐車場を活かしたパーク&ライドをはじめ沿線企業や自治体などとのコラボレーション企画やイベントにも積極的に取組んでいる。

Company Data 鉄道会社データ

株式会社横浜シーサイドライン

所在地	神奈川県横浜市金沢区 幸浦２丁目１番地１
設立	1983年４月22日
職員数	117人（2023年３月31日現在）

MAP

Shibaguchi Konomi

柴口このみ

株式会社横浜シーサイドライン

駅務員

★シーサイドライン沿線の出身で、休日に遊ぶのも、買い物も、おもに沿線を利用している。

★海で泳ぐのも、プールで泳ぐのも大好き。

★同業種の他社で勤務する「考えるときに目を閉じるクセのある」友人と、お互いの地元へ泳ぎに行くことも。

鉄道むすめデビュー日

2014年8月25日

誕生日

8月25日

星座

おとめ座

名前の由来

「海の公園柴口駅」から『柴口』と「う_みのこ_うえん」の一部逆さ読みで『このみ』

相模鉄道株式会社

他社線との直通運転でエリアが大幅拡大！

大手私鉄の1社で、相鉄グループの中核をなす相模鉄道。現在、横浜～海老名間（24・6㎞）の相鉄本線を中心に、相鉄いずみ野線（二俣川～湘南台間11・３㎞）と相鉄新横浜線（西谷～新横浜間６・３㎞）の旅客線のほか、貨物線の厚木線（相模国分～厚木間２・２㎞）を営業。

近年は他社線との相互直通運転が急ピッチで進み、２０１９年11月に開業した相鉄新横浜線を介しＪＲ東日本との相互直通運転を開始、海老名～川越間などロングラン列車が登場した。また、２０２３年３月からは東急新横浜線を経由した都心直通ルートが開業し、都営地下鉄と東京メトロ、埼玉高速鉄道、東武鉄道との相互直通運転によって、渋谷（東急東横線）や西高島平（都営三田線）、小川町（東武東上線）などとの直通列車が設定されるなど、運行エリアの拡大が著しい。

車両の更新も進んでおり、２０１８年以降に２００００系など3形式がデビュー。また、他社との相互直通運転により、ＪＲ東日本のＥ２３３系－７０００や東急５０５０系－４０００などが乗入れ、車両バリエーションの多彩さも魅力といえるだろう。

Company Data 鉄道会社データ

相模鉄道株式会社

所在地	神奈川県横浜市 西区北幸２丁目９番14号
創業	1917年12月18日
職員数	1120人（2023年３月31日現在）

Hoshikawa Mihoshi

星川みほし

相模鉄道株式会社

駅務係

★キレイな声の持ち主で、マイクアナウンスにも定評がある。

★星やライトなどキラキラしたものが好き。趣味は天体観測と夜景を眺めること。

★「そうにゃん」が大好きで、社内で新しいそうにゃんグッズも提案中。最近は企画乗車券やポスターなどのデザインにも興味をもっています。

鉄道むすめデビュー日

2015年2月25日

誕生日

7月7日

星座

かに座

名前の由来

「星川駅」と「上星川（か_みほし_かわ）駅」から

コラム

沿線観光めぐり その④

西武鉄道株式会社

西武園ゆうえんち

西武園
ゆうえんち駅
下車すぐ

1950年に東村山文化園として開園。東京都と埼玉県の県境に位置する。2021年テーマを「1960年代の懐かしさ」としてリニューアルオープン。レトロ感あふれる食堂や駄菓子屋、お土産屋、撮影スポットなどが揃う「夕日の丘商店街」、「ゴジラ・ザ・ライド 大怪獣頂上決戦」、「アトムの月面旅行」、大観覧車などの人気アトラクションで人気を博している。

多摩都市モノレール株式会社

多摩動物公園

多摩動物公園駅
下車すぐ

日本で最大の敷地を持つ動物園で、多摩丘陵の地形を活かした起伏に富む公園となっている。無柵放養式展示を採用し、檻や柵などに囲われず動物が自由に過ごせる空間を提案。1964年に導入された「ライオンバス」は世界初のサファリ形式の展示で、人気アトラクションのひとつ。アジア園、アフリカ園、オーストラリア園とエリアごとに区分けしており、動物や爬虫類のほか昆虫の展示(昆虫館)も見どころだ。

株式会社 **横浜シーサイドライン**

八景島と海の公園

八景島駅
下車すぐ

シーサイドラインの市大医学部～野鳥公園駅間で車窓に展開するのが八景島と海の公園だ。八景島は金沢八景から名づけられた人工島で、メインの横浜・八景島シーパラダイスは遊園地や水族館などからなる大型レジャー施設。海上走行ローラーコースター「サーフコースター リヴァイアサン」など人気アトラクションがめじろ押し。近隣には潮干狩りなどが楽しめる海の公園や野鳥公園など海辺の憩いの場が広がっている。

相模鉄道 株式会社

横浜イングリッシュガーデン

相鉄本線
平沼橋駅下車、
徒歩約10分

横浜市の花はバラ──横浜イングリッシュガーデンは2200種のバラを中心に草花や樹木を配した英国風庭園。およそ2000坪の敷地内を「ローズ＆クレマチスガーデン」や「ローズ＆ペレニアルガーデン」「ローズ＆ハーブガーデン」などにゾーニングし緑と花の園芸空間を演出。エリザベス女王など著名人にちなむ品種や「バラの栄誉の殿堂」入りした品種など格調のある花空間となっている。撮影講座などイベントも開催。

Railway 17

秩父鉄道株式会社

蒸気機関車や貨物列車など多彩さが魅力

秩父鉄道は埼玉県北部を中心に鉄道やバス、観光業などを展開する私鉄会社。埼玉県北東部の羽生を起点に、秩父地方の三峰口までを結ぶ全長71・7㎞の秩父本線のほか、貨物線の三ヶ尻線が武川～三ヶ尻間３・７㎞を結んでいる。

秩父本線は埼玉県北部を東西に延びており、起点の羽生で東武伊勢崎線、熊谷でＪＲ高崎線と上越・北陸新幹線、寄居で東武東上線とＪＲ八高線、御花畑で西武秩父線とそれぞれ接続し、沿線のカバーと同時に都心方面などと沿線エリアとのフィーダー的役割も担う。また、秩父地方は東京圏有数の観光地であり、観光利用が目立つのも特徴だ。クロスシートを備えた６０００系車両などを充当した急行「秩父路」やＣ58形蒸気機関車が牽引する「ＳＬパレオエクスプレス」が運行され観光需要に対応。遊覧船「長瀞ラインくだり」も同社によって運営されている。

一方、秩父地方はセメントの産地でもあり、原材料である石灰石を運搬する貨物列車が多数運行されている。

同線に乗車していると貨物列車に出会う機会が多い。

Company Data 鉄道会社データ

秩父鉄道株式会社

所在地	埼玉県熊谷市 曙町一丁目１番地
設立	1899年11月８日
職員数	304人（2023年３月31日現在）

MAP

Sakurazawa Minano

桜沢みなの

秩父鉄道株式会社

駅務係

鉄道むすめデビュー日

2014年3月24日

誕生日

3月24日

星座

おひつじ座

名前の由来

「桜沢駅」と
「皆野駅」から

★出改札業務担当で、首から提げた鞄には乗車券やつり銭などが入っています。

★暗算が得意で、多人数の発券業務などでも即座に対応できる。

★花が好き。山が好き。沿線に咲く様々な花が大好き。とくに自分の髪の色に近いロウバイの花がお気に入り。

Railway 18

伊豆急行株式会社

全国屈指の海辺の観光路線

伊東を起点に、伊豆半島東海岸沿いに伊豆急下田までを結ぶ伊豆急行。全線45・7㎞のうち相模灘を望む区間がある一方で、内陸側では山岳路線の様相も見せる絶景路線である。沿線各地に温泉地が点在するほか、古くから観光開発が進んだことから別荘地やリゾート施設が多いのも特徴で、年間を通して観光利用に恵まれた路線となっている。

　東京圏に近いこともあり、１９６１年12月の開業当初から国鉄（現・ＪＲ）との直通運転が実施されてきた。急行列車の乗入れは64年の急行「伊豆」からスタート、現在は特急「サフィール踊り子」と「踊り子」が東京・新宿～伊豆急下田間に運行中で、２０１７年７月からは観光列車「ＴＨＥ ＲＯＹＡＬ ＥＸＰＲＥＳＳ」が横浜～伊豆急下田間で運行されている。また、普通列車がＪＲ伊東線（熱海～伊東間）との間で相互乗入れ運転されている。

　自社列車では、85年７月に展望席などを設けた「リゾート21」がデビュー。海側を大型窓とし窓向き座席を配するなど個性的な車両ながら、普通列車として運行される乗りドク列車となっている。また、自転車の持ち込みができるサイクルトレインなど、新たなサービスにも取組む。

Company Data 鉄道会社データ

伊豆急行株式会社

所在地	静岡県伊東市 八幡野1151番地
設立	1959年４月11日
職員数	203人（2023年３月31日現在）

MAP

Jyougasaki Nami

城ヶ崎なみ

伊豆急行株式会社

車掌

鉄道むすめデビュー日

2013年12月25日

誕生日

12月10日

星座

いて座

名前の由来

「城ヶ崎海岸駅」と「南伊東駅」から

★好きな花は桜。他より長い期間、桜が見られる伊豆の地域も大好き。

★スタンプ集めとスタンプ作りが趣味。特技はキレイにスタンプを押すこと。休日は観光地や鉄道のスタンプラリーにも、よく参加している。

★手に持った、乗車券にスタンプする「チケッター」の扱いも上手。

Railway **19**

愛知高速交通株式会社

無人運転で時速１００㎞を実現

愛知高速交通は名古屋市東部に位置する藤が丘と豊田市西部の八草とを結ぶ東部丘陵線（全長８・９㎞）を運営する第三セクター鉄道だ。東部丘陵線は２００５年に開催された愛知万博の開催と合わせて建設・開業した路線で、ＨＳＳＴを採用した日本初の磁気浮上式鉄道。「リニモ（Ｌｉｎｉｍｏ）」の愛称を持つ。

ＨＳＳＴは日本で開発された磁気浮上式リニアモーターカー。低騒音による高速走行が可能とされ、空港アクセスなどを視野に日本航空によって開発が進められてきたシステムだ。横浜博覧会（１９８９年）で期間限定の営業実績があるものの、現在は東部丘陵線が唯一の路線となっている。磁気浮上式リニアモーターカーならではの快適な乗り心地が体験できる。

沿線には、大学や高校のほか、大規模商業施設や博物館など、様々な施設がある。２０２２年11月には、愛・地球博記念公園内にジブリパークが開業した。

起点の藤が丘で地下鉄東山線と接続し名古屋市中心部へアクセスできるほか、終点の八草では愛知環状鉄道と接続しており、東海道本線の岡崎と中央本線の高蔵寺などに連絡している。

Company Data 鉄道会社データ

愛知高速交通株式会社

所在地	愛知県長久手市 茨ケ廻間1533番地736
設立	2000年2月7日
職員数	86人（2023年7月1日現在）

Yakusa Mizuki

八草みずき

愛知高速交通株式会社

リニモ乗務員

鉄道むすめデビュー日

2014年2月25日

誕生日

2月25日

星座

うお座

名前の由来

「八草駅」と
「はなみずき通駅」
から

★リニアモーターカーに憧れて入社。リニモ乗務員として業務にあたっています。

★学生時代は沿線に通っていたので、業務中に知っている後輩と遭遇することも。

★明るい声のマイクアナウンスが好評。

伊豆箱根鉄道株式会社

伊豆と小田原をエリアに ふたつの顔を持つ

伊豆箱根鉄道は伊豆や箱根などをエリアに鉄道をはじめとする公共交通機関や観光業などを展開している。鉄道路線は三島〜修善寺間19・８㎞の駿豆線と小田原〜大雄山間９・６㎞の大雄山線を運営。通勤・通学など地域輸送のほか、修善寺をはじめとする観光地が沿線に連なる駿豆線は観光利用も多い。駿豆線には特急「踊り子」が乗り入れ、東京〜修善寺間を直通運行している。

両線とも長い歴史を持つ路線で、駿豆線は１８９８年開業の豆相鉄道をルーツに、戦前の33年には東京方面からの直通列車が運行されるなど、早くから観光路線としての頭角を顕わしていた。大雄山線は25年に大雄山鉄道によって開業、社名（線名）は大雄山の山号を持つ古刹・最乗寺への参拝路線として計画されたことに由来している。

車両は両線で異なる形式が運用され、ともにロングシート車とセミクロスシート（ボックスシートまたは転換式クロスシート）車がある。駿豆線の３０００系のひとつに63年に廃止された軌道線の復刻色としているほか、１３００系の１編成を西武鉄道カラーにした「イエロー・パラダイス・トレイン」として運行している。

Company Data 鉄道会社データ

伊豆箱根鉄道株式会社

所在地	静岡県三島市 大場300番地
設立	1916年12月7日
職員数	329人（2022年３月31日現在）

Shuzenji Makino

修善寺まきの

伊豆箱根鉄道株式会社

駿豆線駅務掛

★業務のこと、ご案内のこと、気になったこと等いつも持っているダイヤ帳に書く癖がある。このダイヤ帳のメモに助けられることも。

★趣味は自転車、静かだがとても速い。

★特技は手品で、別の事業者に趣味の合う友人がいる。

鉄道むすめデビュー日
2016年3月24日

誕生日
1月2日

星座
やぎ座

名前の由来
「修善寺駅」と
「牧之郷駅」から

Tsukahara Isami

塚原いさみ

伊豆箱根鉄道株式会社

大雄山線駅務掛

★とても綺麗な声の持ち主で、アナウンスも好評。

★歌も得意で、学生時代に周囲からアイドルになればと勧められたことも。

★別路線勤務の友人に誘われて自転車をはじめました。休日は自転車で寺社仏閣を巡ったり。

★飼っているネコが少しライオンに似ている。

鉄道むすめデビュー日
2018年3月8日

誕生日
8月5日

星座
しし座

名前の由来
「塚原駅」と
「(い)井畑田駅」
「(さ)相模沼田駅」
「(み)緑町駅」の
頭文字から

コラム

沿線観光めぐり その5

秩父鉄道株式会社

長瀞渓谷

長瀞駅下車、
徒歩約5分

荒川上流部に展開する長瀞渓谷。全長およそ6㎞にわたり岩石の間を緩やかな流れが続き国の名勝・天然記念物に指定されている。とりわけ滑らかな岩場が露出する岩畳や岩畳の対岸などに広がる断崖・秩父赤壁が織りなす独特の景観で知られている。岩畳の散策のほか、荒川ライン下りを利用した舟上から展望を楽しむのもおすすめ。のんびりと景観を楽しむ「ロマンチックコース」と急流下りを体験する「チャレンジコース」がある。

伊豆急行株式会社

ペリーロード

伊豆急
下田駅下車
徒歩約15分

幕末の1853年、鎖国下にあった日本の浦賀に上陸した黒船来航で知られるペリー。同年に締結された日米和親条約のもと下田が開港、その際にペリー一行が歩いたのがペリーロードである。ペリー艦隊上陸記念碑が立つ下田港から条約交渉がなされた了仙寺までの道のりは、なまこ壁や伊豆石を用いた建築物や石欄干やガス灯のある石畳など往時を感じさせる景観。写真映えのする散歩道だ。

愛知高速交通株式会社

愛・地球博記念公園

愛・地球博記念公園駅
下車すぐ

2005年日本国際博覧会（愛知万博／愛・地球博）会場跡地に開設された都市公園。モリコロパークの愛称を持ち、およそ190haの敷地には親森楽園や日本庭園などの自然施設や多目的球技場などのスポーツ施設、大観覧車があるレジャー施設などが揃う。2022年1月にはスタジオジブリの世界を再現したジブリパークがオープン。「天空の城ラピュタ」などジブリの作品をテーマにした展示エリアが公開されている。

伊豆箱根鉄道株式会社

修善寺温泉

修善寺駅
下車すぐ

空海によって開湯したと伝わる修善寺温泉。数々の名湯が点在する伊豆半島で最も古い温泉場で、空海が創建したと言われる修善寺をはじめ、源範頼の墓などの史跡でも知られる。修善寺川に沿って温泉宿や土産屋、飲食店などが連なり、共同浴場や空海伝説にちなむ独鈷の湯などが湯客を迎えている。竹林に設えられた遊歩道「竹林の小径」は夜間にライトアップも。修善寺自然公園もみじ林などの自然散策もおすすめだ。

鉄道むすめ®

オリジナルキャラクター②

Tateishi Aoba

立石あおば

株式会社トミーテック

「鉄道むすめ」広報見習い

広報お手伝い開始日

2021年11月11日

誕生日

3月19日

星座

うお座

名前の由来

トミーテックが所在する「京成立石駅」とかつて東北地方で運行されていた列車名「あおば」から

※“見習い”のため鉄道むすめメンバーにはカウントされないキャラクター

★立石かえで、立石あやめの妹。あやめの活躍に憧れて「鉄道むすめ」に興味を持った。タブレット片手に「鉄道むすめ」の勉強や鉄道情報を集めることに夢中！

★いつも元気なおてんばさんで、いたずら好きな一面もある。2人の姉のことが大好きで慕っているが、ついつい姉たちにもいたずらしてしまい怒られることも……。

★小さい頃からおもちゃが大好きだったが、最近のお気に入りは「鉄道模型」。姉のかえでの影響もあり、鉄道模型にプラモデルと趣味の幅はますます広がっている。

★立石あやめのお手伝い役として、「鉄道むすめ」の情報を皆様へご案内します。

Railway

21 万葉線株式会社

2種類の鉄道路線を直通運転

万葉線とは、高岡駅停留場～六渡寺間（8・0㎞）の高岡軌道線と六渡寺～越ノ潟間（4・9㎞）の新湊港線の2路線を合わせた総称で、第三セクターの万葉線株式会社が直通運転をしている。一路線として運行されているものの、高岡軌道線は軌道法、新湊港線は鉄道事業法による鉄道とカテゴリに違いがある。高岡軌道線は一部区間を除き道路上の併用軌道なのに対し、新湊港線は専用軌道になっていることから、乗車していてもその違いが体感できる。

車両は全区間で路面電車タイプによる走行で、前身である加越能鉄道時代のデ7000形と2004年以降に投入された超低床電車MLRV1000形（アイトラム）が運行中だ。MLRV1000形の1両は「ドラえもんトラム」として「ドラえもん」のキャラクターをラッピング。これは原作者の藤子・F・不二雄が高岡市出身であることにちなむ企画で、2012年9月から運行されている。

全線はほぼ市街地路線で、高岡大仏や高岡古城公園などへのアクセスにも便利。見どころは六渡寺～庄川間の庄川橋梁で、列車撮影地としても人気だ。終点の越ノ潟からは富山県営渡船が対岸の掘岡までを結んでいる。

Company Data 鉄道会社データ

万葉線株式会社

所在地	富山県高岡市 荻布字川西68番地
設立	2001年3月30日
職員数	37人

Yoshihisa Koshino

吉久こしの

万葉線株式会社

運転士

鉄道むすめデビュー日

2018年1月10日

誕生日

1月10日

星座

やぎ座

名前の由来

「吉久」と
「越ノ潟」から

- ★大家族の長女。落ち着いたお姉さんとして、周囲を安心させる。
- ★大勢の中で話す環境で育ったせいか非常に通りの良い声で、車内のマイクアナウンスも好評。
- ★ネコ好きで、ネコ型のものも好き。

Railway 22

しなの鉄道株式会社

重要幹線を受け継いだ 長野県北東地域の生活路線

しなの鉄道は、北陸新幹線開業に伴いＪＲ東日本から経営分離された旧信越本線の軽井沢～篠ノ井間（しなの鉄道線／65・１㎞）と長野～妙高高原間（北しなの線／37・３㎞）を運営する第三セクター鉄道だ。

　しなの鉄道線は北陸新幹線が長野開業を迎えた１９９７年10月１日に開業し、整備新幹線開業に関連する経営の引き継ぎとしては全国で最初の例となった。北しなの線は北陸新幹線金沢延伸開業の２０１５年３月14日に開業している。

　運行は路線ごとにダイヤが組まれているが、一部列車はＪＲ東日本を介して両線間の直通運転を実施。しなの鉄道線の篠ノ井方では全定期列車が長野へ乗入れているほか、北しなの線の長野～豊野間にはＪＲ飯山線の列車が乗り入れ直通利用の便をはかっている。

　また、しなの鉄道線に特別快速「しなのサンライズ号」「しなのサンセット号」が設定されているほか、軽井沢～妙高高原間に特別快速「軽井沢リゾート」を運行。そのほか、観光列車「ろくもん」が好評裡に運行中で、水戸岡鋭治氏が手掛けた華やかな内装の編成で楽しむ車窓や食事サービスなどが幅広い人気を集めている。

Company Data 鉄道会社データ

しなの鉄道株式会社

所在地	長野県上田市 常田１丁目３番39号
設立	1996年５月１日
職員数	261人（2023年７月１日現在）

Ueda Remu

上田れむ

しなの鉄道株式会社
SR1客室添乗員兼駅係員

★趣味はカメラ。風景写真の撮影が大好き。千曲川のワインバレー地域に数多くある景色の美しさに魅入られて、すっかり写真の魅力にはまってしまった。

★ワインバレー沿線をつなぐ「しなの鉄道」に興味を惹かれ、駅係員として入社。土休日に観光快速列車として運行する新型車両「ＳＲ１」系での客室添乗員の勤務も担当し、活躍の場を広げている。

★休日にはお気に入りのカメラを持って、軽井沢や上田丸子地区、飯綱・黒姫高原などを巡るのが何よりの楽しみ。普段は物静かで落ち着いた印象だが、カメラや写真のこととなると、つい話が止まらなくなってしまうことも。

鉄道むすめデビュー日
2021年1月9日

誕生日
1月9日

星座
やぎ座

名前の由来
「上田駅」と「牟礼駅」の逆読みから

上田電鉄株式会社

自然災害を乗り越え鉄路を守る

上田電鉄は１９１６年設立の丸子鉄道と20年設立の上田温泉軌道を祖とする私鉄で、合併や社名変更などを経て２００５年に上田交通から現在の上田電鉄（２代）となった。かつては５路線57・２㎞の路線網を展開していたが、１９７２年に真田傍陽線が廃止されたのちは、上田と別所温泉とを結ぶ別所線（11・６㎞）のみの営業となっている。２０１９年10月には台風被害を受け千曲川橋梁が崩落、運休を余儀なくされたが21年３月28日に全線での運行が再開した。

終点の別所温泉は日本武尊の伝説に伝わる古湯で、江戸時代から続く温泉宿のほか、外湯歩きや温泉の洗い場の点在など温泉文化が受け継がれている。別所温泉駅は温泉地に行き止まるように設けられた頭端式駅で、１９２１年開業当時の駅舎などが往時の姿を留めるほか、構内に28年製のモハ５２５０形、通称「丸窓電車」が静態保存されている。

車両は東急から移籍した１０００系と６０００系が運用中。一部編成にはラッピング施され、２０２３年７月現在は日本遺産認定１周年記念・別所線開業１００周年ラッピングの「れいんどりーむ号」のほか、「まるまどりーむ号」「自然と友だち号」として運行されている。

Company Data 鉄道会社データ

上田電鉄株式会社

所在地	長野県上田市 下之郷498
設立	2005年10月３日
職員数	31名（2023年７月現在）

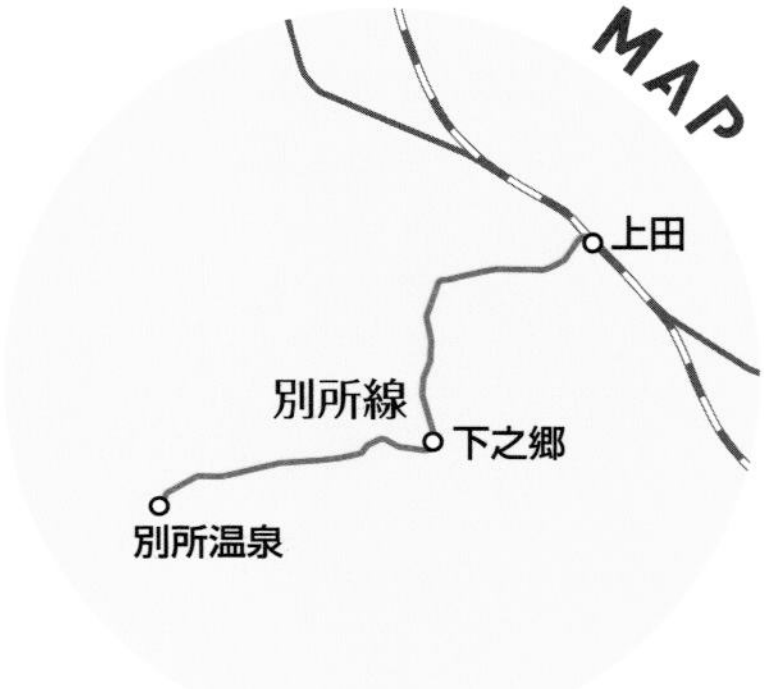

Yagisawa Mai

八木沢まい

上田電鉄株式会社

別所温泉駅駅長

鉄道むすめデビュー日
2007年7月28日

誕生日
8月8日

星座
しし座

名前の由来
「八木沢駅」と
「舞田駅」から

★家は地元の温泉旅館。趣味は日舞と剣道。

★「まるまど」からの景色が大好き。

★毎年お祭りシーズンになるのを楽しみにしている。

★最近は友人にならって写真撮影にも凝っています。

Railway 24

長野電鉄株式会社

転籍参入車両のバラエティが楽しい！

長野電鉄は長野駅を拠点に北信地域をエリアとする私鉄で、長野～湯田中間33・２㎞の長野線を運営している。

１９２０年に設立された河東鉄道を前身に鉄道や観光地開発などに取組み、千曲川を挟んでＪＲ（旧国鉄）の対岸に広がる河東地区を中心に事業を展開してきた。かつては現・長野線のほかに北部の木島～信州中野間と須坂～屋代間の路線網を持っていたが、２００２年４月に信州中野～木島間（河東線の一部）、12年４月に屋代～須坂間（屋代線）がそれぞれ廃止されている。なお、河東線の一部廃止の直後に一部区間の路線名変更が実施された。

普通列車と特急が運行されており、特急は停車駅の違いによりＡ特急・Ｂ特急がある。特急用車両として元・「小田急ロマンスカー」の１０００系と元・「成田エクスプレス」の２１００系が運用中で、使用編成ごとに「ゆけむり」「スノーモンキー」の愛称がつく。特急は一部車両が指定席で、「スノーモンキー」には４人用個室「Ｓｐａ猿～ん」が設けられている。

沿線には善光寺や小布施、湯田中温泉などの観光地が点在。観光利用の多い路線でもある。

Company Data 鉄道会社データ

長野電鉄株式会社

所在地	長野県長野市 権堂町2201番地
設立	1920年5月30日
職員数	160人（2023年7月1日現在）

MAP

Asahi Sakura

朝陽さくら

長野電鉄株式会社

乗務区 車掌

★落ち着きがあり、いつも冷静なイメージと言われがちだけど、おっとりとしていて、ぬけた一面も持っている。

★切符集めが趣味で、長野電鉄の昔ながらの切符に鋏を入れるのが大好き。

★沿線に実るくだものが大好きで、最近はワインにはまっています。

★ソムリエの資格を取るために勉強中！

★一方、いまだに車内販売で車内を回る時が少し恥ずかしいらしい。

鉄道むすめデビュー日

2019年5月9日

誕生日

5月9日

星座

おうし座

名前の由来

「朝陽駅」と
「桜沢駅」から

コラム

沿線観光めぐり その6

万葉線株式会社

山町筋

片原町または
坂下町下車
徒歩3分

高岡市の中心部に残る土蔵造りの街並で、重要伝統的建造物群保存地区に指定されている（高岡市では鋳物の町・金屋町も指定）。1609年に前田利長が高岡町を開町した際に商人町としたのがはじまりで、経済の中心地として発展してきた歴史を持つ。1900年の大火で甚大な被害を受けたものの耐火性に優れる土蔵造りで再建、現在も重要文化財の土蔵造りの町家や西洋風赤レンガ造りの銀行などが現存している。

しなの鉄道株式会社

小諸城跡（懐古園）

しなの鉄道線
小諸駅
下車すぐ

城下町として栄えた小諸。町内には小諸宿の旧小諸本陣や小諸宿本陣主屋など歴史的建造物が残る。小諸城は1554年に竣工、のちに小諸藩の藩庁として歴史を刻んできた。石垣のほか国の重要文化財である大手門と三之門などが現存し、城跡内は小諸城址懐古園として公開されている。園内には動物園や郷土博物館、藤村記念館、明治時代に開設された私塾・小諸義塾記念館などがあるほか、桜や紅葉の名所でもある。

上田電鉄株式会社

別所温泉

別所温泉駅
下車すぐ

信州最古の温泉と言われ、日本武尊が開いたという伝説を持つ。外湯めぐりの伝統があり、現在も慈覚大師と木曽義仲、真田幸村にゆかりのある3カ所の共同浴場が賑う。いずれも朝6時から夜10時まで散歩がてらの入浴が楽しめるほか（200円）、2カ所の足湯が無料で利用することができるので、温泉街の情緒を楽しんでみたい。また、共同の洗濯場が13カ所ありいまでも地元の人々に利用されている。

長野電鉄株式会社

善光寺

善光寺駅下車
徒歩約10分

日本最古の仏像と伝わる一光三尊阿弥陀如来を本尊とする無宗派の仏教寺院。644年に創建され、宗派を問わず誰もが受け入れられる寺院として位置づけられてきた。古くから女人禁制とも無縁で、男女を問わず全国各地から参詣者が集い、「遠くとも一度は参れ善光寺」とも詠われている。国宝の本堂をはじめ、重要文化財や登録有形文化財など貴重な文化遺産も見どころで、併設の資料館や大勧進宝物館などでも望むことができる。

Railway 25

近江鉄道株式会社

新幹線と接続し湖東エリアの足に

近江鉄道は滋賀県内で鉄道とバスを中心に観光や不動産業などを展開する私鉄会社だ。1896年設立と歴史のある鉄道会社で、現在は本線（米原～貴生川間／47・7㎞）と多賀線（高宮～多賀大社前間／2・5㎞）、八日市線（八日市～近江八幡間／9・3㎞）の3路線を営業しており、駅数は33駅である。

　米原で東海道新幹線と接続するほか、米原と彦根、近江八幡の各駅でJR東海道本線、貴生川でJR草津線と信楽高原鐵道にそれぞれ接続。金土日および祝日に近江鉄道全線が一日乗り放題となる「1デイスマイルチケット」や土日および祝日に近江鉄道と信楽高原鐵道が乗り放題の「びわこ京阪奈線フリーきっぷ」などの企画乗車券が発売されている。また、一部の列車では「サイクルトレイン」として自転車の持ち込みサービスが実施されている。そのほか、近江八幡市の八幡山ロープウェーを運営しており、八幡山城跡などへのアクセスの手段として利用されている。

　西武グループの一員ということもあり、車両はすべて西武鉄道からの転籍車で、近江鉄道仕様に改造の上、18編成が活躍している。

Company Data 鉄道会社データ

近江鉄道株式会社

所在地	滋賀県彦根市 駅東町15番1
設立	1896年6月16日
職員数	555人（2023年3月31日現在）

MAP

Toyosato Akane

豊郷あかね

近江鉄道株式会社

駅務掛

鉄道むすめデビュー日

2014年12月9日

誕生日

7月24日

星座

しし座

名前の由来

「豊郷駅」と
「万葉あかね線」
から

★普段は八日市駅駅務掛として活躍。

★特技は手品で、カップを使ったものが得意。

★熱心な野球ファン。別の事業者に趣味の合う友人がいる。

Railway 26

三岐鉄道株式会社

貴重なナローゲージ路線がいまに生きる

三岐鉄道は、もとは藤原岳で産出するセメント輸送を目的に設立された私鉄で、三重県北勢地域に三岐線と北勢線のほか、バスやサービスエリアなどの事業を展開している。開業以来、三岐線（富田～西藤原間／26・5㎞）および三岐線と近鉄名古屋線とのフィーダーである近鉄連絡線（近鉄富田～三岐朝明信号場間／1・1㎞）が営業路線だったが、2003年4月に近鉄北勢線（西桑名～阿下喜間／20・4㎞）が移管され現在の路線網になった。三岐線は、当初岐阜県の関ヶ原までの延伸が計画されていた。

三岐線は旅客列車のほか富田～東藤原間でセメント輸送の貨物列車を運転。東藤原駅の西野尻方に太平洋セメント藤原工場の専用線が接続しているほか、構内の貨物用の側線が設けられている。終点の西藤原駅構内に庭園鉄道「桑工ゆめ鉄道」、丹生川駅構内には貨物鉄道博物館があり、それぞれボランティアによって運営されている。また、藤原岳などへの登山者の利用も多い。

一方の北勢線は軌間762㎜のナローゲージ路線で、貴重な路線としてファンも多い。終点の阿下喜駅前には軽便鉄道博物館が地元有志によって運営されている。

Company Data 鉄道会社データ

三岐鉄道株式会社

所在地	三重県四日市市 富田３丁目22番83号
設立	1928年９月20日
職員数	400人

Sohara Renge

楚原れんげ

三岐鉄道株式会社 北勢線

運転士

鉄道むすめデビュー日

2019年3月28日

誕生日

3月28日

星座

おひつじ座

名前の由来

「楚原駅」と
「蓮花寺駅」から

★小柄でおてんば……という自身の性格を、小さな車体ながら全力で乗客を運ぶ北勢線のナローゲージの姿に重ね、いつしか「自ら運転してみたい！」と思うように。

★努力の末、動力車操縦者運転免許取得！　晴れて北勢線の運転士となった。

★プライベートでは最近、スポーツ観戦にはまっている。桑名市・いなべ市・東員町などをホームタウンにするサッカーチームの大ファンで、週末はスタジアムに通い、ナローゲージのうなるモーター音に負けないくらい、大きな声援を送っている。

Railway 27

紀州鉄道株式会社

95年の歴史を持つ ミニミニ路線

１９２８年に開業した御坊臨港鉄道をルーツとする私鉄企業で、鉄道のほかホテルやリゾートクラブ、別荘などの事業を展開している。

唯一の鉄道路線である紀州鉄道線は和歌山県の御坊と西御坊とを結ぶ全長２・７㎞の非電化路線で、旧国鉄御坊駅と御坊市街とを結ぶ目的で建設された歴史を持つ。往年は旅客だけでなく、木材やみかんなどの貨物輸送も盛んで、日高川河口の港を介した海上輸送の一翼を担っていた。84年２月の貨物列車廃止後も０・７㎞先の日高川まで営業していたが、89年４月に同駅と西御坊との間が廃止。２００２年10月に芝山鉄道（千葉県）が開業する以前は「日本一のミニ鉄道」とも称されていた。なお、廃止区間には路盤や線路などが残されており、廃線跡探訪を楽しむ人も多い。

起点の御坊ではＪＲ西日本紀勢本線と接続、同駅は紀州鉄道とＪＲの共同使用駅で、紀州鉄道は駅本屋側の０番線に発着している。

車両は信楽高原鐵道（滋賀県）から譲渡されたＫＲ３０１とＫＲ２０５がそれぞれ単行で運行。前者は緑とクリーム色、後者は赤とクリーム色の塗色が施されている。

Company Data 鉄道会社データ

紀州鉄道株式会社

所在地	和歌山県御坊市 薗275
設立	1928年12月24日
職員数	11名（2023年4月現在）

Hidaka Kasumi

日高かすみ

紀州鉄道株式会社

コンシェルジュ

鉄道むすめデビュー日

2020年1月9日

誕生日

12月24日

星座

やぎ座

名前の由来

今は廃駅となっている「日高川駅」と御坊市の名産「かすみ草」から

★老舗の造り醤油店生まれで、地元の高校を卒業したのち紀州鉄道に就職。駅員、コンシェルジュとして勤務する。

★休日の趣味は寺内町や周辺の史跡巡りで、学門駅に寄ったときには、お地蔵さんに手を合わせている。

★毎年お祭りシーズンになるのを楽しみにしている。子どもの頃から身近にある御坊祭が何より大好き。

★勤務中は受験生に人気の「学門お守り」をポーチに着けている。紀州鉄道は「硬券」なので、鋏も大切な必需品。

Railway 28

和歌山電鐵株式会社

ネコ駅長「たま」ちゃんで一躍話題に！

「日本一心豊かなローカル線になりたい」をモットーに、数々のユニークなアイデアを形にしている和歌山電鐵。２００６年４月に南海電鉄から貴志川線（和歌山〜貴志間／14・３㎞）を引き継いで運営、07年１月に三毛猫の「たま」ちゃんが貴志駅長に就任すると一躍その愛らしい姿が全国で話題を呼んだ。その後は2番目の駅長に「ニタマ」、伊太祈曽駅長に「よんたま」が就任したほか、水戸岡鋭治氏とドーンデザイン研究所が手がけて駅舎をリニューアル、「たまミュージアム貴志駅」として人気観光スポットになっている。

車両は２２７０系電車が運用中で、編成の一部を水戸岡氏のデザインで内外装をリフレッシュ。車内調度に木材を多用するなど大幅な改装を受け、編成ごとに「たま電車」や「いちご電車」として一般の定期普通列車で運行されている。

貴志川線は１９１６年に山東軽便鉄道が開業した歴史の長い路線で、61年に南海電気鉄道貴志川線となったのちに和歌山電鐵に受け継がれてきた。沿線の多くでのどかな田園風景の道行きとなるが、山東〜大池遊園間では丘陵地に分け入り、大池の展望が広がるなど、変化のある車窓が展開する。

Company Data 鉄道会社データ

和歌山電鐵株式会社

所在地	和歌山県和歌山市 伊太祈曽73
設立	2005年6月27日
職員数	46名（2023年7月現在）

MAP

Kouzaki Miiko

神前みーこ

和歌山電鐵株式会社

指導運転士

★指導運転士に昇格し、後輩の育成にも力を入れている。しかし、ついつい後輩を猫可愛がりしがちなのが玉にキズ……!?

★仕事終わりには貴志駅構内にある「たまカフェ」でホットドックならぬ、魚肉ソーセージを挟んだ「ホットキャット」を頼むのが日課になっている。

★大のおもちゃ好きは相変わらず。街中の散策中など猫に出会ったときは、挨拶代わりにとネコじゃらしで遊んでもらうのが大好き。

★猫だけでなく、かわいい動物を見ることが大好き。休みの日は特急に乗って、パンダに会いに行くことも。

鉄道むすめデビュー日

2008年2月1日

誕生日

6月27日

星座

かに座

名前の由来

「神前駅」と「ねこ助役の『みーこ』」から

コラム

沿線観光めぐり その⑦

近江鉄道株式会社

彦根城

彦根駅から
徒歩約15分

井伊氏の拠点として1622年に築城された城で、松本城や姫路城などと並び天守が国宝指定された５城のひとつ。琵琶湖中部の東岸を望む彦根山に築かれ、天守をはじめ類例の少ない登り石垣など往時の形を良好に残していることでも知られる。天守のほか附櫓および多聞櫓が国宝となっているほか、天秤櫓や馬屋など重要文化財を擁している。城内の大名庭園の玄宮園と楽々園や彦根城博物館なども散策してみたい。

三岐鉄道株式会社

長島スパーランド

桑名(西桑名)
駅前から
バスで20分

絶叫マシンの豪華ラインナップで知られる長島スパーランド。木製の柱を用いた「ハイブリッドコースター白鯨」や世界一の距離(2479m)を誇る「スチールドラゴン2000」など12機のローラーコースターが揃う大型遊園地だ。ジェットスキーや「大観覧車オーロラ」などのアトラクションも充実。夏期には日本最大級の「ジャンボ海水プール」がオープンする。思いきり遊んだあとは隣接する温泉施設「湯あみの島」にGO ！

紀州鉄道株式会社

学門駅

御坊駅から
ひとつめの駅

小さなローカル線・紀州鉄道が賑わいを見せる受験シーズン。受験生が受験校の前に立ち寄る目的地は御坊駅からひとつめの学門駅だ。駅名が学問を連想させることから、この駅の入場券や入場券をデザインしたキーホルダーが学業のお守りとして人気に。ただし、学門駅は1日あたりの利用者がひとケタ台という無人駅なので、“お守り”は御坊駅で販売されている。駅名は駅前にある県立日高高校・中学校に由来。

和歌山電鐵株式会社

貴志駅

和歌山電鐵の
終点駅

かわいい猫駅長で全国的な知名度を持つ貴志駅。2007年1月5日に駅売店のたまが駅長に就任すると助役のちび・ミーコとともに一躍大人気に。翌年には「貴志駅スーパー駅長たま」に出世、専用の駅長室が設えられるなど、和歌山電鐵のアイドルになった。さらに駅舎が「たまミュージアム貴志駅 駅舎」にリニューアル。現在はニタマが駅長を務め、伊太祈曽駅のよんたまとともに心を和ませている。

Railway 29

ＪＲ西日本和歌山支社

ＪＲ西日本初の鉄道むすめ！

和歌山エリアは、和歌山県と京阪神エリアを結ぶ都市間輸送のほか、紀伊半島南部への観光路線としての役割も大きく、特急「くろしお」や「きのくに線サイクルトレイン」をはじめとして観光利用が多いのが特徴だ。

紀勢本線は海辺の絶景路線のひとつで、海岸線間近を通る区間も多く風光明媚な車窓が楽しめる。沿線は南紀白浜温泉や南紀勝浦温泉をはじめ複数の温泉地が点在し、このほか本州最南端の潮岬や那智の滝で有名な那智山など、見どころの多い路線である。また、新宮を境にＪＲ東海区間となり、名古屋とを結んでいる。

毎年夏には、白浜駅の駅員がアロハシャツで乗客を迎えており、鉄道むすめ「黒潮しらら」もアロハシャツを着用している。

Company Data 鉄道会社データ

西日本旅客鉄道株式会社（JR西日本）

所在地	大阪府大阪市北区芝田 ２丁目４番24号
設立	1987年４月１日
職員数	22715名 （2022年３月31日現在）

MAP

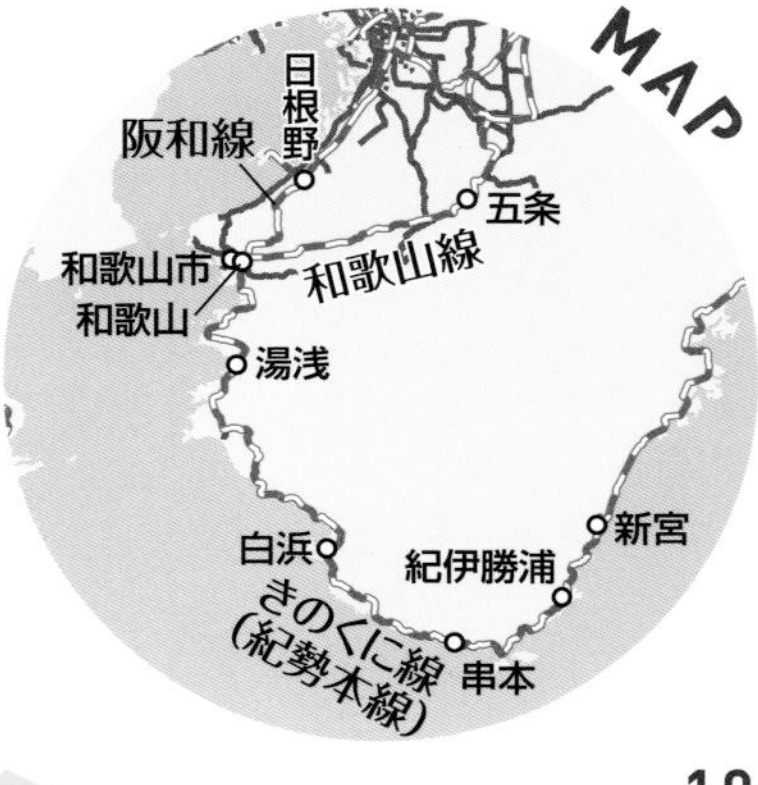

Kuroshio Shirara

黒潮しらら

JR西日本白浜駅

運輸管理係（駅員）

★人と接するのが大好き。愛情と思いやりにあふれた挨拶が好印象。

★地元の出身。家族親戚も多くが白浜駅周辺の役場や銀行など勤務先で、夏場はアロハ着用で業務している。

★動物が大好きで、一番好きな動物はパンダ。パンダのマスコットを使ったご案内は、子どもたちに好評♪　動物の駅員さんも好きで、会いに行くこともしばしば。

鉄道むすめデビュー日

2017年10月14日

誕生日

10月14日

星座

てんびん座

名前の由来

京都～新宮をつなぐ「特急くろしお」と、白浜駅から近い「白良浜（しららはま）」から

Railway 30

京阪電気鉄道株式会社

個性派車両も見どころの都市路線

京阪電車は大阪府北東部と京都府南部、滋賀県大津市に路線網を持つ私鉄で、8路線（営業キロ程91・1㎞・駅数89駅）が営業されている。

路線網は京阪本線（淀屋橋～三条間）を中心に5路線を擁する京阪線と石山坂本線（石山寺～坂本比叡山口間）と京津線（御陵～びわ湖浜大津間）からなる大津線のほか、石清水八幡宮の参詣路線である鋼索線（ケーブル八幡宮口～ケーブル八幡宮山下間）を展開。京阪本線と大津線間はそれぞれ独立したエリアで直通運転はしていないが、京津線と京都市営地下鉄東西線の直通運転により、三条京阪（東西線）と三条（京阪）との間で乗継ぎが可能だ。京津線は上栄町～びわ湖浜大津間に併用軌道区間があるほか、大谷～上栄町間に最急61‰の勾配があるなど道ゆきに変化の多い路線としても知られている。

京阪電車で特筆できることに列車種別の多様さが挙げられ、普通、区間急行、特急、ライナー、快速特急「洛楽」など約10種類に及ぶ。全車両座席指定「ライナー」は8000系車両で運転。3000系および8000系車両には全座席指定の特別車両「プレミアムカー」が連結されている。

※「ライナー」の「プレミアムカー」の乗車には、乗車券のほかにライナー券・プレミアムカー券が必要

Company Data 鉄道会社データ

京阪電気鉄道株式会社

所在地	大阪府大阪市中央区 大手前1丁目7番31号
創立	1906年11月19日
従業員数	1798名（2023年4月1日現在）

Ishiyama Tomoka

石山ともか

京阪電気鉄道株式会社 大津線

運転士

★物静かな性格だが、非常に努力家。あらゆることで、常に一番を目指して努力している。

★アニメ・コミックが好きで、ラッピング電車が運行されると原作をチェックしてハマることも。

★好きな食べ物は、おでん。最近はお気に入りのスイーツ屋さんのバームクーヘンにもハマっています。遠方の友人にもおススメするほど。

鉄道むすめデビュー日

2013年9月25日

誕生日

9月25日

星座

てんびん座

名前の由来

「石山寺駅」と「(旧)坂本駅」の逆読みから

Railway 31

水間鉄道株式会社

まもなく100周年を迎える参詣鉄道

水間鉄道は貝塚と水間観音とを結ぶ水間線（5・5㎞）をはじめ、路線バスなどを展開する私鉄会社。1924年に設立された歴史のある鉄道会社で、東武鉄道や近江鉄道、島原鉄道と並び創業時から社名変更のない鉄道会社のひとつとなっている。

起点の貝塚で南海電鉄南海本線と接続するほかは他路線との接続はなく、乗り入れ運転も実施されていない。

終点の水間観音は天平年間（729～49）に行基とって開創したと伝わる水間寺の最寄り駅で、水間線はその参詣路線として建設された歴史を持つ。水間観音の駅舎は1926年の開業時（当時は水間駅）からのもので、国の登録有形文化財に指定されているほか、第1回近畿の駅百選に認定（2000年）された。また、大晦日から正月にかけては特別ダイヤが設定され、参詣に対応している。

2011年からは女性アテンダントを導入。これは09年から全線がワンマン化されたことによるもので、19年に制服がリニューアルされた際には、同社の鉄道むすめ「水間みつま」にも新制服バージョンが登場している。

Company Data 鉄道会社データ

水間鉄道株式会社

所在地	大阪府貝塚市 近木町２番２号
設立	1924年4月17日
職員数	59人（2022年度末）

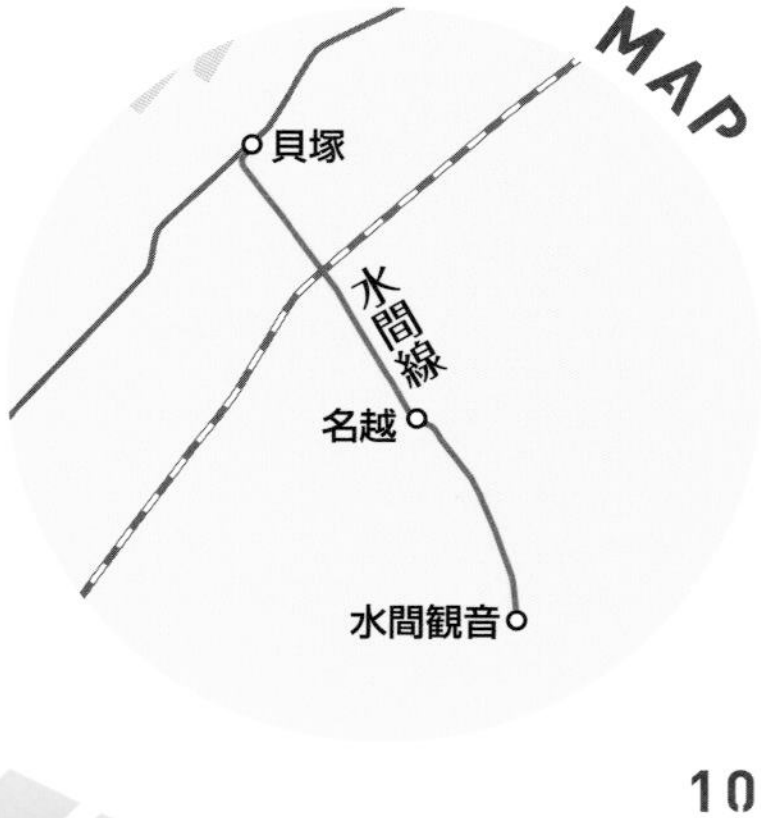

Mizuma Mitsuma

水間みつま

水間鉄道株式会社

アテンダント

鉄道むすめデビュー日

2016年5月26日

誕生日

5月26日

星座

ふたご座

名前の由来

「水間観音駅」と「三ツ松（みつまつ）駅」から

★人懐っこく、困っている人を見逃せないタイプ。迷っている人を見つけては、素早くご案内。

★困っている人が話しかけやすいように、いつも元気な笑顔を心掛けています。

★水間観音をはじめ、地域の情報にはすぐ答えられる。

★ゆるキャラが好きで「葛城ぽん太」がイチオシ。マスコット作りにも挑戦している。

Railway 32

泉北高速鉄道株式会社

車窓の変化も楽しいニュータウン路線

泉北高速鉄道は、中百舌鳥駅～和泉中央駅間14・3㎞を結ぶ路線で、鉄道のほかトラックターミナルなど物流事業も展開している。

同線は、泉北ニュータウンやトリヴェール和泉などの大規模な住宅地開発が著しいニュータウン路線といえるだろう。

列車は、自線折り返し運転のほか、中百舌鳥駅で接続する南海電鉄高野線との相互乗り入れ運転により、難波駅発着の直通列車が多数設定されている。特急泉北ライナーは、全車座席指定で、乗車券のほかに特急券が必要である。

車両は、金色の車体と京都オパールを散りばめたシンボルマークで煌びやかさを演出した泉北12000系などが運用されている。

住宅地をエリアとするニュータウン路線でありながら、点在する貯水池やその周辺の緑地帯などが車窓からのアクセントに。

また、深井駅～光明池駅間では大阪府道の上下道間に線路が敷設され、独特の景観が続き、変化に富むトリップが楽しめる路線だ。

Company Data 鉄道会社データ

泉北高速鉄道株式会社

所在地	大阪府和泉市 いぶき野5丁目1番1号
設立	1965年12月24日
職員数	293名（2022年7月1日現在）

MAP

Izumi Koumi

和泉こうみ

泉北高速鉄道株式会社

運転士

鉄道むすめデビュー日

2014年7月25日

誕生日

7月25日

星座

しし座

名前の由来

「和泉中央駅」と「光明池駅」から

★海洋生物が好き。自分が泳ぐのも大好き。休日は水族館かプール。

★手先が器用でマスコット作りが得意。運転士カバンに入れている、自作の「せんぼくん」マスコットは、今にも動きそう？

★とても憧れている女性運転士がいて、その人をマネしていたずらっ子ぽい笑顔をすることも。

コラム

沿線観光めぐり その8

JR西日本和歌山支社

アドベンチャーワールド

動物園と水族館、遊園地がコラボしたアドベンチャーワールド。園内に放し飼いされた動物たちとサファリ感覚で触れあえるほか、エサやり体験などのコーナーも。夜のサファリ「ナイトアドベンチャー」や家族で楽しめる「SUMMER CHAMP」などイベントも満載のテーマパークだ。ジャイアントパンダの繁殖と保護の研究を目的に日中共同繁殖研究に携わり、これまで園内で17頭のパンダが誕生。その愛らしい姿も人気。

白浜駅から
バスで
約10分

京阪電気鉄道株式会社

比叡山

石山坂本線
坂本比叡山口駅
下車ほか

琵琶湖の西岸に位置する比叡山。古代から山岳信仰の地とされ、日吉大社や比叡山延暦寺を訪れる人も多い。延暦寺の広大な境内には国宝や重要文化財を含む100カ所に及ぶ堂宇が点在。登山道も整備されており、山頂からは京都市街や琵琶湖の展望も。京都市街に近いこともあって身近な登山ルートとしても人気だ。ケーブルカー（比叡山鉄道／京福電鉄）やロープウェイ（京福電鉄）などが山頂までを結んでいる。

水間鉄道株式会社

水間寺

水間観音駅
下車徒歩約7分

水間寺への参詣の足として建設された水間線。その終点に位置する水間寺は水間観音の名でも知られる天台宗の別格本山で、年末年始などには水間線の終夜運転や臨時列車が運行され参拝者で賑わう。８世紀前半に行基によって創建されたと伝わり、聖観世音菩薩を本尊としている。境内には本堂のほか三十塔など15の仏閣が点在し、なかでも愛染明王を祀る愛染堂には縁結びの御利益を求める参拝者の姿も多いとか。

泉北高速鉄道株式会社

ニサンザイ古墳

中百舌鳥駅
下車徒歩
約20分

仁徳天皇陵をはじめ44基もの古墳が点在する中百舌鳥古墳群。ニサンザイ古墳はそのひとつで、全長約300m、前方部幅約224m、後円部径約170mにおよぶ全国７番目の規模を持つ大型前方後円墳だ。中百舌鳥古墳群のなかでもとくに精美とされており、インターネット地図の衛星写真でもその整った形状が見てとれる。５世紀後半の築造とされる一方で、主体部の構造や副葬品などまだ明らかになっていない点も多いという。

大阪モノレール株式会社

大阪空港アクセスなどとして活躍

大阪都市圏北部と東部をエリアに跨座式モノレール2路線を運営する大阪モノレール。大阪空港と門真市間とを結ぶ大阪モノレール線（本線／21・2㎞）および万博記念公園と彩都西とを結ぶ国際文化公園都市モノレール線（彩都線／6・8㎞）が営業しており、総延長28・0㎞は世界第2位の規模となっている。また、2029年開業を目指し、門真市から南下する約8・9㎞の路線延伸事業が進行している。終点の瓜生堂（仮称）では近鉄奈良線と接続するほか、新たに設けられる5駅中4駅で他社路線と接続、完成すると大阪都心から放射状に延びる他社10路線と外周で連絡する予定だ。

大阪都心などへの通勤・通学利用のほか、大阪空港駅が大阪国際空港のターミナルビルに直結する唯一の空港アクセス鉄道となっている。また、営業2路線が接続する万博記念公園駅は万博記念公園の最寄り駅で、敷地内に国立民族博物館などの文化施設や万博記念競技場などのスポーツ施設、複合施設のEXPOCITYなどの玄関として利用者が多い。

車両は1000系ほか2形式が運用中で、かつてはボックス席も設けられていたが、現在は車両両端の展望席を除きオールロングシートとなっている。

Company Data 鉄道会社データ

大阪モノレール株式会社

所在地	大阪府吹田市 千里万博公園1番8号
設立	1980年12月15日
職員数	262名（2023年4月1日現在）

MAP

Toyokawa Modoka

豊川まどか

大阪モノレール株式会社

フロアアテンダント

★非常に勉強熱心で、航空会社に勤務する家族からアテンダントの仕事について情報交換もしています。

★おしゃれなスカーフの結び方を色々と工夫しています。

★地元サッカークラブのファンで休日は応援に行くことも。

鉄道むすめデビュー日
2015年5月25日

誕生日
5月31日

星座
ふたご座

名前の由来
「豊川駅」と「門真市（かどまし）駅」の逆さ読みから

Railway 34

広島電鉄株式会社

広島の日常と観光を支える路線網

広島電鉄は広島市を拠点に鉄道線と軌道線を運営するほか、バスや不動産などを展開する私鉄会社だ。1910年に設立された広島電気軌道を前身とし、12年11月に現在の本線と宇品線、白島線がそれぞれ部分開業によって軌道線の営業を開始。22年8月に宮島線が部分開業するなど路線の延伸が進み、現在は鉄道1路線と軌道6路線35・1kmの路線網を擁している。

軌道線は市内線と呼ばれ、大半の区間が併用軌道。いずれも独自に路線名を持つものの、各路線間で直通運転されているため、それぞれの運行系統で案内されている。運転系統は1〜9号線(4は欠番)があり、鉄道線である宮島線(広電西広島〜広電宮島口間)も大半の列車が軌道線の本線と宇品線との直通運転をしているため2号線の運転系統が与えられている。車両面では、国産のほか欧州など海外からの輸入車が取り入れられてきた。80年代以降は軽快電車の導入が検討され、99年にドイツから超低床車両GREEN MOVER5000形を導入したのを皮切りに、鉄道線・軌道線ともにバリアフリーなどに対応した車両への更新が進んでいる。

Company Data 鉄道会社データ

広島電鉄株式会社

所在地	広島県広島市中区 東千田町2丁目9番29号
設立	1942年4月10日
職員数	1627人(2023年3月31日現在)

Takano Miyuki

鷹野みゆき

広島電鉄株式会社

宮島線運転士

鉄道むすめデビュー日

2006年9月28日

誕生日

4月9日

星座

おひつじ座

名前の由来

「鷹野橋駅」と
「御幸橋駅」から

★実家はお好み焼き屋さん

★運転士試験に合格し、現在は運転士として宮島線で活躍中。

智頭急行株式会社

ＪＲと連携し 陰陽連絡を担う

智頭急行は上郡と智頭とを結ぶ智頭線（全長56・１㎞）を運営する第三セクター鉄道である。智頭線は山陽と山陰とを結ぶ陰陽連絡線のひとつで、上郡でＪＲ山陽本線、智頭でＪＲ因美線と接続し、京阪神～岡山エリアと鳥取エリアとの短絡ルートの役割を果たしている。

特急「スーパーはくと」（京都～鳥取・倉吉間）と特急「スーパーいなば」（岡山～鳥取間）がＪＲと相互乗り入れで運行。うち、自社車両のＨＯＴ７０００系が充当されている「スーパーはくと」は最高速度１３０㎞／ｈ運転を実施（「スーパーいなば」はＪＲ西日本キハ１８７系で１２０㎞／ｈ運転）、普通列車も１１０㎞／ｈと高速運転となっている。高速運転に対応することもあり全線の多くが高架線で、長短のトンネルが全線にわたり断続しているのも特徴だ。

智頭線は１９２２年には予定線とされた歴史を持つ。66年に着工したものの国鉄末期に建設が凍結。智頭急行の設立後に工事が再開し、94年12月３日の開業に至った。旅客の大半は特急利用で、予定線時代からの役割を実現していることでも知られている。

Company Data 鉄道会社データ

智頭急行株式会社

所在地	鳥取県八頭郡智頭町 智頭2052番地１
設立	1986年５月31日
職員数	約80人（2023年３月31日現在）

MAP

Miyamoto Erio

宮本えりお

智頭急行株式会社

車掌

鉄道むすめデビュー日
2012年4月26日

誕生日
12月3日

星座
いて座

名前の由来
「宮本武蔵駅」と
「上郡駅」の
逆さ読みから

- ★落ち着いた性格で、丁寧な対応が好印象。
- ★利き手は両利き。学生時代は剣道部に所属。
- ★趣味は天体観測。「さじアストロパーク」「西はりま天文台」にもよく通っている。

松浦鉄道株式会社

九州最西端を辿る長大ローカル線

松浦鉄道は、有田を起点に松浦半島を半ば周回するように佐世保に至る西九州線（93・８㎞）を運営する第三セクター鉄道。旧国鉄松浦線を受け継ぐために設立され、ＪＲ化後の１９８８年４月１日に西九州線と路線名を改めて転換開業を迎えている。

西九州線は１８９８年に開業した伊万里鉄道伊万里線（有田〜伊万里間）と１９２０年開業の佐世保軽便鉄道松浦線（相浦〜大野／現・左石）をルーツとする路線で、双方から段階的に延伸したのち、45年３月に佐々〜相浦間が開通し全線が開業。また、たびら平戸口駅は普通軌道方式の鉄道で日本最西端に位置し、構内に記念碑があるほか、鉄道資料館が併設されるなど鉄道ファンの見どころのひとつになっている。

列車ダイヤは伊万里で分離されており、全線直通列車は設定されていないほか、２０２０年３月以降は他社線との直通運転も休止されている。また、佐々〜佐世保間に朝方に限って快速が運行されているが、急行など優等列車は設定されていない。

所属車両のうちＭＲ５００形がレトロ調に設えられ、定期列車のほか団体列車等でも運用され、同線で異彩を放っている。

Company Data 鉄道会社データ

松浦鉄道株式会社

所在地	長崎県佐世保市 白南風町１番10号
設立	1987年12月10日
職員数	93人

MAP

Nishiura Aria

西浦ありさ

松浦鉄道株式会社

営業部営業課 広報担当

★大手広告代理店勤務を経て、地元の松浦鉄道に入社。すぐに地元愛・松浦鉄道愛が認められ、広報係で勤務する。

★日本最西端の駅「たびら平戸口駅」を重点的にアピールするため、まずは「たびら平戸口駅」の広報担当となる。

★外国人のお客さまも増えてきているため、ただいま英会話の猛勉強中！

★スイーツが大好きだけど、実はお酒も好き！　休日は地元の友達と一緒に、沿線スイーツ食べ歩きと酒蔵場巡りを楽しむ。

鉄道むすめデビュー日
2020年1月26日

誕生日
12月10日

星座
いて座

名前の由来
もっとも西に位置する鉄道「松浦鉄道西九州線」から「西浦」に、「ありさ」は起点駅となる「有田駅」と終点の「佐世保駅」から

Railway 37

島原鉄道株式会社

普賢岳を借景に海辺の絶景列車が走る！

島原半島の東岸沿いに諫早と島原港とを結ぶ島原鉄道（全長43・2㎞）。鉄道路線のほか、島原半島をエリアにバスや船舶、ホテルなどの事業を展開する私鉄会社である。

創業は1908年に遡り、11年6月に本諫早～愛野村（現・愛野）間で島原鉄道として開業、同線の延長に加え43年7月に口之津鉄道の吸収合併によって諫早～加津佐間（78・5㎞）の路線として営業を続けてきた。島原半島は雲仙岳を中心に東岸を有明海、南岸を早崎瀬戸に面するなど、展望に恵まれた地形が広がっている。島原鉄道も全線中の多くの区間で有明海や雲仙岳の車窓が展開するなど、風光明美なローカル線だ。しかし一方で、度重なる自然災害に脅かされ、雲仙岳噴火では数回にわたる運休を余儀なくされてきた歴史を持っている。2008年4月には島原外港～加津佐間が廃止され、現行の区間となった。定期列車は普通列車のみの運行。かつてはキハ20形など旧国鉄形の運行でも知られたが、現在はキハ2500形など自社オリジナル車両に統一されている。また、観光列車「しまてつカフェトレイン」が、弁当やスイーツなどのセットメニューつきで土休日に月4～5回運行されている。

Company Data 鉄道会社データ

島原鉄道株式会社

所在地	長崎県島原市 下川尻町72番地76
設立	1908年5月5日
職員数	244名（2023年3月31日現在）

MAP

Koujiro Misaki

神代みさき

島原鉄道株式会社

トレインアテンダント

- ★元某バス会社のガイドで「幸せの黄色い列車」に憧れアテンダントに就任。
- ★カフェトレイン運行時はバスガイド時代に培った「笑顔」と「おもてなし」でお客様と接している。
- ★普段の業務は商品開発企画担当。愛してやまないマスコット「さっちゃん」グッズを作っている。
- ★休日の趣味はサイクリング。
- ★地元・島原半島が大好きで、愛用の自転車で酒蔵を巡るなどアクティブに活動。（お酒を飲むのは帰宅してからゆっくりと……そしてたっぷりと！）
- ★サイクリング中の水分補給には、各地の湧水を汲んで飲むのがお気に入り。
- ★目下の目標は「島原半島ジオパーク検定」の中級合格！

鉄道むすめデビュー日
2020年9月25日

誕生日
5月5日

星座
おうし座

名前の由来
「神代駅」と「大三東（おおみさき）駅」から

コラム

沿線観光めぐり その⑨

大阪モノレール株式会社

万博記念公園

万博記念公園駅・
公園東口駅
下車すぐ

大阪万博（日本万国博覧会・1970年）の開催跡地に設立された公園。約260ha（甲子園球場の約65倍）の敷地には大阪万博のシンボルだった大陽の塔や当時の資料などを展示するEXPO'70パビリオン、日本庭園や自然文化園などの施設が満載。Jリーグ・ガンバ大阪の本拠地・市立吹田サッカースタジアムのほか、野球場やフットサルクラブなどスポーツ関連も充実している。入浴施設・源気温泉万博おゆばも人気だ。

広島電鉄株式会社

厳島

宮島線
広電宮島口駅から
フェリー

安芸の宮島としても知られている厳島。広島観光のランドマーク的存在でもあり、国内外から年間300万人規模の観光客を迎えている。その中心となるのが厳島神社で、海上に設えられた社殿や大鳥居は厳島を代表する景観をもたらしている。また、大聖院や大願寺といった由緒ある寺院にも立ち寄ってみたい。ほかにも、紅葉の名所として知られる紅葉谷公園や町家通り、宮島ロープウェーなど見どころが多い。

智頭急行株式会社

恋山形駅

智頭駅から
上郡方面へ
ひとつめ

世界でも珍しいピンク色でコーディネートされた駅、恋山形。駅名に恋がつく４駅（当駅、母恋、恋し浜、恋ヶ窪）の連携企画「恋駅プロジェクト」の一環としてリニューアル、「恋駅きっぷ」の発売などでも話題を集めてきた。「恋がかなう駅」のキャッチフレーズのもと駅構内にピンク色の「恋ポスト」の設置やピンク塗色の「恋ロード」などを整備。ホーム壁面には鉄道むすめ「宮本えりお」のイラストも描かれている。

松浦鉄道株式会社

平戸島

たびら平戸口駅下車、
平戸口桟橋からバス

松浦鉄道を途中下車し、平戸島に足を延ばすのもおすすめ。カトリック教会・田平天主堂や平戸ザビエル記念教会をはじめ、異国情緒あふれる立ち寄りスポットが点在。東シナ海に沈む夕日を堪能できるサンセットウェイや360度の展望が開ける川内峠などの絶景ポイントに恵まれた散策が楽しめる。1550年にポルトガル船が来航しイエズス会の布教の地となった歴史を持ち、ゆかりの史跡や教会が現在に伝わっている。

島原鉄道株式会社

大三東駅

大三東駅
下車

室蘭本線の北舟岡駅や信越本線の青海川駅などと並ぶ「日本一海に近い駅」のひとつに数えられる大三東駅。下りホームの足元から有明海の海岸が広がり、とりわけ夜明けどきには幻想的な情景に包まれる。干潟が広がる干潮時と満潮時とのコントラストも見どころで、写真撮影を楽しむ人も多い。また、町おこし企画「しあわせの黄色い列車王国」に合わせ下りホームに黄色いハンカチを掲げるなどユニークな施策でも話題に。